本书系教育部人文社会科学研究一般项目"我国公众媒介偏见感知与参与行为研究"（编号：18XJC860001）和兰州大学"一带一路"专项项目（编号：2018ldbryb013）的阶段性成果。

新闻报道与受众感知：
中立新闻中的媒介偏见感知

马萍◎著

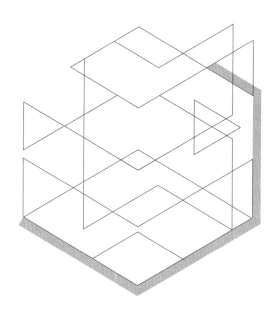

新 华 出 版 社

图书在版编目（CIP）数据

新闻报道与受众感知：中立新闻中的媒介偏见感知 / 马萍著.
—北京：新华出版社，2021.5

ISBN 978-7-5166-5853-6

Ⅰ.①新… Ⅱ.①马… Ⅲ.①新闻学—传播学 Ⅳ.①G210

中国版本图书馆CIP数据核字（2021）第125824号

新闻报道与受众感知：中立新闻中的媒介偏见感知

作　　者：马　萍

责任编辑：祝玉婷　　　　　　　　　封面设计：李尘工作室

出版发行：新华出版社
地　　址：北京市石景山区京原路 8 号　　邮　　编：100040
网　　址：http://www.xinhuapub.com
经　　销：新华书店
　　　　　新华出版社天猫旗舰店、京东旗舰店及各大网店
购书热线：010-63077122　　　　　中国新闻书店购书热线：010-63072012

照　　排：李尘工作室
印　　刷：廊坊市新景彩印制版有限公司
成品尺寸：170mm×240mm
印　　张：13.25　　　　　　　　　　字　　数：180千字
版　　次：2021年6月第一版　　　　　印　　次：2021年6月第一次印刷
书　　号：ISBN 978-7-5166-5853-6
定　　价：48.00元

前　言

　　媒介偏见研究起始于 20 世纪 70 年代，现已形成较为系统、完整的研究体系。然而，以往的媒介偏见研究多集中于媒介组织的意识形态、管理制度、经济驱动和新闻工作者的操作规范、主观意识等方面。这种研究忽略了媒介偏见本身具有的更为丰富的内涵。完整的媒介偏见既应包括媒介一端的呈现，也应包括受众一端的感知。原因很简单，作为有自主选择意识和自身认知偏向的个体，每个受众在媒介接触过程中都会根据自身偏好自主选择信息获取途径，自主挑选媒介内容，并凭借自身特殊认知基模解读媒介信息，受众对媒介及其信息的这种接触、认知和解读偏好实为媒介偏见的有机组成部分和一种形式。因此，考察媒介偏见，无法将受众的媒介偏见感知排除在外。

　　在受众的媒介偏见感知研究领域，较有代表性的研究是敌意媒体效果（hostile media effect）研究。该研究起始于 1985 年，经过三十多年不断的检验、重复和修正，其深度和广度不断地延伸和拓展。敌意媒体效果研究将媒介偏见研究转向了受众一端，从受众的角度来检视媒介偏见，是受众感知和认识媒介偏见的一种呈现，丰富了媒介偏见研究的视野。

　　然而，从目前研究来看，国内学界对这一概念及其研究的关注度不高，对这一概念的理解和研究还存在许多偏见，更缺乏运用这一概念研究我国新闻传播领域现象和问题的成果。因此，对敌意媒体效果研究的理论源流与内涵的考辨及其必备要素与影响的解析，可以从学理上更清晰地界定媒介偏见研究的整体范畴，提升学界对该理论的关注度，消除学界对该理论的认识误区，使这一理论能尽快应用于我国新闻传播领域本土问题的研究，拓展受众意见表达和舆论形成的研究图谱。

学界对敌意媒体效果的开创性研究可以追溯到 Vallone 1985 年关于受众对贝鲁特大屠杀新闻报道的感知研究。Vallone 等研究者于这一年发表了一篇题为（The Hostile Media Phenomenon：Biased Perception and Perceptions of Media Bias in Coverage of the Beirut Massacre）的论文，该文首次提出了"敌意媒体"这一概念。

Vallone 等采用实验法，对斯坦福大学的 144 名学生播放了 1982 年贝鲁特大屠杀的新闻报道（其中包括亲以色列派 68 人、亲阿拉伯派 27 人、中立派 49 人）。在观看报道后，研究者请受试者就以色列与黎巴嫩谁该对大屠杀负责以及节目责任编辑的态度等问题进行评价。实验发现，亲以色列派和亲阿拉伯派的受试者对新闻内容的看法截然不同，亲以色列派认为新闻内容暗示以色列为施暴者，巴勒斯坦解放组织为受害者，而亲阿拉伯派的受试者认为新闻报道暗示了巴勒斯坦一方为施暴者，以色列为受害者。两派均认为该新闻报道的立场偏向对方，与自己一方的立场不一致，且两派都认为中立派的观众看完新闻报道会转变其立场，转而支持对方。Vallone 等研究者将这一现象称为"敌意媒体"现象。

这一研究聚焦于受众对媒介偏见的感知问题，发现在中立派受众看来客观、公正的新闻报道，在非中立派的受众看来却隐含着偏见。两派均认为媒介报道站在与自己有"敌意"的立场上。敌意媒体效果假设自此被正式提出，并很快成为部分学者共同探究的研究热点。

尽管如此，目前为止学术界对敌意媒体效果尚未形成完全明确、统一的认识，但已经形成了一些基本一致的看法：虽然新闻媒体一直因其报道的倾向性饱受批评，但若从敌意媒体效果视角来看，即使新闻媒体的报道客观、中立，在具有强烈倾向的受众眼中，报道也是具有倾向性的。[1] 之所以如此，从受众

---

① lenn J. Hansen, Hyunjung Kim. Is the Biased Against Me? A Meta-Analysis of the Hostile Media Effect Research[J]. Communication Research Reports，2011,28(2):169-179.

研究的角度来说，现有的受众研究认为，受众往往具有多元化特征，其个体认知水平、信息选择偏好和议题解读视角的差异化十分明显。受众对新闻信息的认知、选择、解读、评价及其所产生的心理效应不仅源于媒介信息本身所具有的立场和特质，更源于受众本身所具有的立场、偏好，是受众对新闻议题、媒介特质和媒介偏见评价的综合体现。在这种情况下，必然会出现尽管媒介信息客观、中立受众却认为其隐含偏见之情况。

敌意媒体效果研究的出现为媒介偏见研究提供了一种新的视角，是媒介偏见研究的一种新转向。这一转向使媒介偏见研究从媒体及其从业者一端转向了受众一端。之前的媒介偏见研究被套嵌在特定的社会制度、经济体制、文化环境和意识形态之内，而敌意媒体效果研究则根植于对受众特征的细分，对受众的媒介信息认知差异化研究提供了强有力的证据。

总体而言，敌意媒体效果关注的是受众对媒介偏见的感知和评价，即受众认为媒介报道的内容是中立、客观的还是有偏向的，如果存在偏向，具体偏向哪一方。具体而言，敌意媒体效果指涉了受众在媒介偏见感知方面存在的三个维度，即受众感知的对象、受众感知的呈现和受众感知的主观性。

就受众感知的对象而言，敌意媒体效果的直接感知对象既包括媒介内容本身，也包括制作媒介内容的新闻工作者和发布媒介内容的新闻机构。因此，敌意媒体效果实际上是受众对媒介内容、媒介内容生产者、媒介内容生产机构的一种感知与评价。也就是说，媒介信息本身可能使受众感知到媒介偏见的存在，而媒介信息背后的内容生产者和媒介组织的特质也会使受众感知到某种特定的媒介偏见。

就受众感知的呈现而言，受众所感知到的"敌意"，源于受众对特定问题所持的立场和媒介报道所显现出来的立场。"敌意媒体效果"强调的是受众自身感知与媒介的客观呈现之间的矛盾，即媒介报道可能是中立的，但对特定议题持有强烈倾向性的受众仍会认为媒介报道存在倾向性，且认为媒介报道是站在与自己的对立的立场，对自己存有"敌意"。

就受众感知的主观性而言，敌意媒体效果的直接来源就是每个受众本身必然具有的主观性。这种主观性具体表现为受众在信息获取与传播过程中的选择性注意、选择性理解和个人化的解释过程。也就是说，敌意媒体效果的来源并非仅仅是媒介或媒介报道，而是受众所感知到的"敌意"，是受众认为媒介所具有的"敌意"。这种因受众感知的主观性而产生的"敌意媒体效果"被称为受众"对媒介偏见产生的偏向性感知"（biased perception of the media bias）。①

可以说，敌意媒体效果是由于受众所具有的主观性使其在媒介信息接触、理解、使用过程中所显现出的一种特殊的媒介偏见感知。这种媒介偏见感知可能会带来信息传播过程中的抵抗性解读，导致受众对媒体信息传播的误读，造成群体隔阂与社会撕裂。

一般而言，媒介效果的产生一方面既与产生效果的主体即受众密切相关，又与效果评价的客体即媒介及其内容紧密关联。就敌意媒体效果而言，产生"敌意"感知的主体是具有主观性的受众，"敌意"感知所针对的客体是媒介内容、媒介机构及其从业者。可以说，敌意媒体效果是基于受众的特殊立场与倾向而产生的对媒介内容、媒介机构及其从业者的一种具有偏向性的感知。本书围绕产生这种感知的受众卷入、信息的到达度和媒介的可信度，探讨敌意媒体效果产生的条件，并分析以此可能产生的受众意见表达行为。

此外，敌意媒体效果在诸多社会领域均会产生这样或那样的消极影响，如：可能导致公众对舆论方向的误判，可能引发少数族群与主流社会的疏离，可能降低公众的外在政治效能感，还可能消解公众对社会的信任度。② 探寻敌意媒体效果的社会影响，应从受众的意见感知和受众的参与行为两个方面入手。当然，受众的意见感知与受众的参与行为紧密相关。

---

① Borah P, Thorson K, Hwang H. Causes and Consequences of Selective Exposure Among Political Blog Readers: The Role of Hostile Media Perception in Motivated Media Use and Expressive Participation[J]. Journal of Information Technology & Politics, 2015,12(2):186–199.

② Tsfati Y. Hostile Media Perceptions, Presumed Media Influence, and Minority Alienation: The Case of Arabs in Israel[J]. Journal of Communication, 2007,57(4):632–651.

敌意媒体效果对社会的一个很重要的影响是对受众的意见感知和推断的影响。在"敌意媒体效果"的影响下，个体更倾向于过分高估媒介信息对中立人群的影响，认为持有中立观点的人往往对特定议题的认知不够清晰、明确，其意见更容易受到媒介的影响，从而改变其原有观点和态度，这种认识使得个体更倾向于采用积极或消极的方式来抵抗"敌意媒体效果"对中立人群意见的影响。

公众往往会因为对舆论环境的感知和判断而采取相应的行为。"敌意媒体效果"对受众参与行为的影响也正缘于此。敌意媒体效果对受众行为的影响之研究发现，敌意媒体效果对受众的意见表达行为影响显著。受众为了"纠正"自己所感知到的所谓的"媒介偏见"，往往会通过更频繁、更激烈的意见表达来抵抗他所感知到的所谓"媒介偏见"，从而使不同人群间的意见表达行为增多，最终带来不同社会群体之间的意见争论，并由此引发社会组织方式与社会动员模式的改变。

例如受到敌意媒体效果的影响，受众往往倾向于通过线上或线下的不同行为来"纠正"自己所感知到的存在于公共领域（public sphere）的"媒介偏见"。① 具有高卷入度的受众在接触到媒介信息后，往往倾向于支持先前的观点，为了防止媒介内容可能引发的一系列负面效应，往往会采取某种特定的意见表达行为，以保证自己的观点被他人听到。一般而言，受众往往会通过参与特定议题的传播活动，抵抗自己认为的媒介偏见，以努力降低他们认为具有偏见的媒介内容对他人的影响。

至于受众会采用积极的抵抗方式还是消极的抵抗方式，由受众对意见气候的感知决定。在某一特定议题的传播过程中，面对媒介的特定报道，如果产生"敌意媒体效果"的受众认为与他们意见相反的群体势均力敌时，往往会采用积极的方式与之抗衡。相反，如果受众认为自己是弱势一方时，则往

---

① Rojas H. "Corrective" Actions in the Public Sphere：How Perceptions of Media and Media Effects Shape Political Behaviors[J]. International Journal of Public Opinion Research, 2010,22(3):343–363.

往会趋向于采用消极的方式进行抵抗。[①]

在受众的"纠正"意愿和意见表达行为背后，是技术发展带来的便利条件与物质保障。"人人都有麦克风"的社交媒体时代，功能完备的网络发布工具简单易用，日益强大的移动网络不间断地连接，这些便利条件使得人们有能力参与到制作和传播信息的过程中，一定程度上实现了技术赋权。但是，敌意媒体效果的出现让研究者注意到一个事实，那就是，受众的意见表达等议题参与行为在很多情况下并没有搭建起沟通和解决问题的桥梁。与之相反，现实中的多元信息碰撞带来的却是因议题和立场形成的群体集结和派别林立。这种结果也与企望通过受众的表达来构建良好传播环境的愿景背道而驰。

还有一种可能，那就是因敌意媒体效果而形成的受众意见表达往往会导致相近的观点在群体内部频繁传播并被强化，形成群体内部的态度极化，导致目前与某些特定议题相关的舆论形成过程中常见的"群体极化"现象的出现，从而对健康、理性的舆论表达环境的形成造成了严重危害。另外，若从"敌意媒体效果"及其对受众意见表达和参与行为的影响视角切入，就可以更好地理解在当下的社会环境中部分受众虽具备较为良好的媒介素养，为什么却仍缺乏对意见的理性表达之现象。从这样的视角出发考察"群体极化"等非理性舆论表达现象，也可以跳出在同类现象研究方面单一的"媒介素养"等研究视角。

敌意媒体效果往往被用于科学争议、宗教冲突、社会热点、国际纷争等领域的重要舆论议题之研究，多以争议性议题为讨论对象，并显现出逐渐向跨媒介介质领域发展的趋势。研究者所采用的方法主要是实验法和问卷调查法，一般将研究对象分为议题支持者、反对者及中立者三方，以媒介报道为刺激材料，让研究对象对这些刺激材料进行观看或阅读，在此基础上回答问题，从而测量"敌意媒体效果"及其强度。"敌意媒体效果"从受众的角度检视媒

---

① Ariyanto A, Hornsey M J, Gallois C. Group Allegiances and Perceptions of Media Bias[J]. Group Processes & Intergroup Relations, 2007, 10(2)：266–279.

介偏见，拓展了媒介偏见研究的版图。由于其研究视角独特，为网络传播环境下的舆论研究和传播效果等议题的研究带来了一定的启发。因此，明晰其源流、内涵、必要条件及其影响有十分重要的意义。

敌意媒体效果研究最重要的意义在于开启了媒介偏见研究的新视角。作为传播学领域的重要研究议题，媒介偏见研究经过诸多学科的交叉研究，目前著述已颇丰，但作为媒介偏见研究的有机组成部分的敌意媒体效果研究方面的成果却相对较少。尤其在我国，对媒介偏见的研究主要围绕媒体及其从业人员展开，对受众一端的媒介偏见感知关注较少。这种情况造成了媒介偏见研究领域的内部平衡的缺乏。这种不平衡表现为，一方面对媒介偏见研究十分重视，另一方面对受众的媒介偏见感知关注不足。敌意媒体效果的聚焦点恰恰是受众的媒介偏见感知，它将受众的媒介偏见感知作为媒介偏见研究的有机组成部分。可以说，敌意媒体效果研究是媒介偏见研究的一种视角转向，它既是对媒介偏见研究领域的拓展，也是意见表达和舆论形成等问题研究的新切口。

敌意媒体效果研究的另一方面的意义在于，为"网络小群体"的形成研究和舆论及其引导研究提供了新的方向。随着网络的发展和社交媒体的使用，人们有更大的便利就共同关心的议题进行讨论，进而形成小群体。虽然围绕特定议题形成的小群体的规模可能不大，但各个群体间的观点很可能大相径庭，给社会群体间的有效沟通带来一定困难。同时，存在于一些小群体中的信息交流与意见表达也有可能强化群体成员对某一议题的原有态度。面对同一议题，相同或相近的群体成员对该议题的看法往往更相似，如果在此过程中产生了"敌意媒体效果"，就会使得这些群体成员的原有态度和观点被强化，使社会意见难以调和，最终导致社会的撕裂。

在此需要强调的是，在运用敌意媒体效果理论研究我国社会相关现象和问题的过程中，应注意进行本土化的探索与思考。敌意媒体效果研究在西方三十多年的发展，其源起和演进都与西方社会文化及其媒介生态的变化紧密相关。对转型时期的中国社会而言，日益增多的突发事件、日益便利的意见表达、日益多元的观点碰撞、日益复杂的舆论现象等，为敌意媒体效果研究提供了丰富的研究对象与议题。在运用敌意媒体效果理论研究这类议题的过程中，应特别注意从我国社会的具体语境与文化环境出发进行研究。在这样的研究中，应注意避免照搬西方理论研究中国现实问题或用中国现实问题注解西方理论的研究模式，力求从中国本土问题出发，避免西方理论与本土经验的简单套嵌，将西方理论与本土问题的复杂性与鲜活性紧密结合起来。①

---

① 胡翼青. 传播研究本土化路径的迷失——对"西方理论，中国经验"二元框架的历史反思 [J]. 现代传播 – 中国传媒大学学报，2011(4)：34–39.

目　录

第七章 结论和讨论

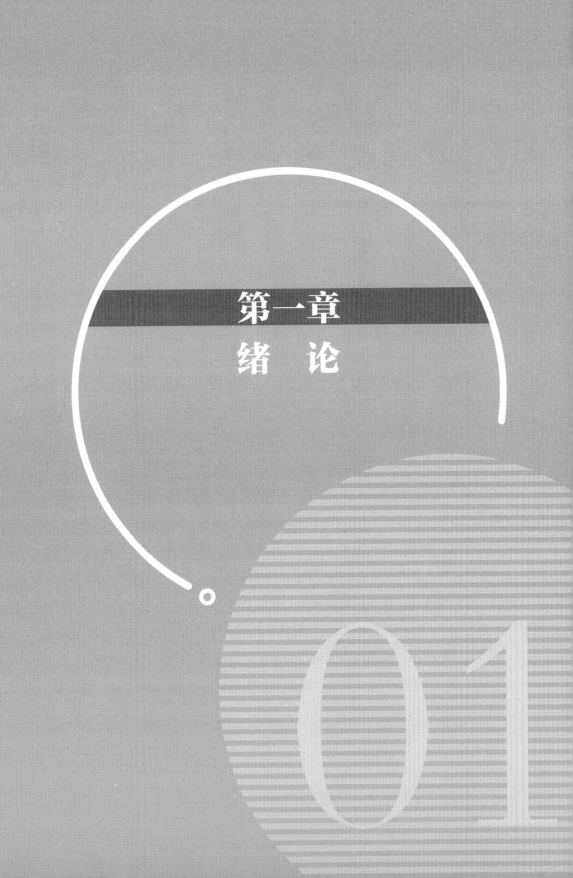

第一章
绪　论

一、敌意媒体感知的研究背景

（一）研究的理论背景

媒介偏见研究起始于 20 世纪 70 年代末，经过几十年间中西方各社会学科的交叉，其研究深度与广度都得到了拓展，形成了一套较为完整的研究体系。以媒介研究领域和文化研究领域为例，研究者分别就媒介体制、意识形态和媒介文化进行探索，结合内容分析、问卷调查等研究方法，对媒介偏见的表现形式、形成原因、产生的影响等做了较为详细、系统的著述，成果颇丰。

研究者认为，媒介偏见是一种由媒体框架、铺垫和议程设置等现象组成的完整系统，普遍存在于新闻内容和新闻媒体中。[①] 威廉姆斯指出，媒介偏见是一种有意为之，具有广泛影响力，威胁到现有秩序，且具有持续性的媒体行为。[②] 对于偏见形成的原因，研究者从心理认知、新闻内容生产约束等多方面探寻，总结出，新闻生产的结构性偏见和意识形态产生的党派性偏见是产生媒介偏见的主要原因。[③] 研究者指出，媒介偏见部分来自新闻媒体的管理层，

---

① Entman R M. Framing Bias: Media in the Distribution of Power[J]. Journal of Communication, 2010(1):163–173.

② Williams A. Unbiased Study of Television News Bias[J]. Journal of Communication, 2010, 25(4):190–199.

③ 闫岩，周树华 . 媒体偏见：客观体现和主观感知 [J]. 传播与社会学刊，2014，30：227–264.

还有一部分来自新闻媒体对政府信源的依赖。① 另外，新闻报道的另类戏剧化的方式以及对事件的归因解释也是导致媒介偏见产生的部分原因。在媒介偏见研究领域，批判媒介偏见，避免媒介偏见的产生，降低新闻偏见带来的负面影响，一直是媒介偏见研究的意义所在。

与此同时，作为媒介偏见研究的另一个分支，受众对媒介偏见的主观性评价也逐渐在大众传播学研究领域得到印证。具有倾向性的受众，既是媒介内容的消费者，也是媒介偏见的感知主体。尽管是主、客观等方面多重原因造成了媒介偏见，但从新闻内容的消费主体而言，受众对媒介偏见的评价也不应该被忽视。新闻的偏向一方面是源自对具有倾向性的受众的迎合，一方面是由于具有倾向性的受众的感知。

研究者发现，新闻媒体一方面在追求新闻客观，从而避免媒介偏见的产生；另一方面又会为了增加受众而按照受众的喜好来安排新闻报道的议程和风格。媒体不但提供信息，以供受众谈论，而且也会在适当的情况下稍微地提供具有倾向性的信息以迎合具有一定倾向性的受众。不同认知结构、生活环境和社会背景导致了受众对事物的评价标准不同，对新闻的选择倾向和评价标准也是大相径庭。如果依据受众喜好来安排新闻报道的议程和风格，往往会导向媒介的内容生产的受众偏向。因此，就新闻生产而言，作为被新闻媒体迎合的对象，也是产生媒介偏见的一个因素。

另外，许多研究者认为，记者在报道新闻客观事实时，其个人观念会让位于诸如新闻客观性原则等新闻专业主义规范，在信息表述中，会尽量追求报道的平衡。杰拉德·马修斯和罗伯特·恩特曼基于对受众如何看待健康和其他政策问题的报道进行媒介偏见研究时指出，在研究媒介偏见时，由于受众具有既有态度，新闻内容如何被接收和解码也应该被考虑在内。② 因此，在

---

① 甘斯.什么在决定新闻 [M].北京大学出版社，2009.

② 杰拉德·马修斯，罗伯特·恩特曼，韦路，王梦迪.新闻框架的倾向性研究 [J].浙江大学学报（人文社会科学版），2010，40（02）：68-81.

分析研究新闻偏向时，不仅要考虑新闻报道是否会造成受众的希望和好恶，还要思考受众如何看待新闻报道的倾向性。

甘斯曾批评到，即使竭尽全力追求新闻客观真实，新闻记者也无法摆脱自己的价值观和主观判断。那么，作为与新闻工作者一样具有主观性的个体，受众对新闻内容的选择、评价也无法脱离自己的价值观与主观判断。可以说，媒介偏见贯穿于新闻信息生产、新闻信息流通、新闻信息消费的全部过程当中。

既然在新闻传播的视阈内，既存在具有利益、意识形态和新闻生产约束而导致的新闻内容的"编码"偏见，也存在受众因其立场、知识结构、心理因素以及外界影响而产生的新闻内容的"解码"偏见，受众对媒介偏见的感知与评价无法被回避，因为受众的感知才是现实。对于一个完整的媒介偏见系统而言，新闻内容的生产端和消费端都应该被考虑在内。就新闻的受众一端而言，应该思考的是受众对媒介偏见的感知，即受众认为媒介及媒介内容是否具有偏见、受众认为媒介和媒介的报道内容偏向谁，以及这种感知会带来怎样的后果与影响。

受众对于媒介和新闻报道的感知逐渐成为媒介偏见研究的另一个切入口。对受众新闻偏见研究较为成熟且具有代表性的则是敌意媒体效果（hostile media effect），也被称作"媒介偏见的偏见感知"（biased perception of the media bias）[1]。该研究起始于1985年，并通过不同议题的拓展，经历了不断的检验、重复、修正，无论从深度还是广度都有了较大的扩展和延伸，逐渐走向交叉领域。[2] 其研究成果在政治学、新闻传播学、认知心理学等领域的国际核

---

① Borah P, Thorson K, Hwang H. Causes and Consequences of Selective Exposure Among Political Blog Readers: The Role of Hostile Media Perception in Motivated Media Use and Expressive Participation[J]. Journal of Information Technology & Politics, 2015,12(2):186–199.

② Vallone R P, Ross L, and Mark R.Lepper.The hostile media phenomenon: Biased perception and perception of media bias in Coverage of the beirut Massacre [J]. Journal of Personality & Social Psychology, 1985,3:577–585.

心学术刊物都有刊出。

与此相对应的是，目前我国的媒介偏见研究大多集中于媒介偏见的客观呈现方面：诸多研究从媒体制度、意识形态、新闻生产程序等角度分析媒介偏见的形成与影响，而对媒介偏见的另一端——受众的媒介偏见感知关注较少。媒介偏见研究大多聚焦于新闻偏见的生产与流通层面，对新闻偏见的受众评价涉猎较少。

受众作为大众媒介信息系统的重要组成部分，其对媒介偏见的感知，直接影响到对信息的解读、理解与再加工。因此，了解新闻传播效果无法将受众的感知和新闻媒介、新闻报道割裂开，而受众对新闻议题的参与也离不开其对媒介及媒介内容的感知与评价。

早在 20 世纪 40 年代，"受众的选择性"成为大众传播效果研究当中炙手可热的概念，作为"能动"的受众，可以根据自己的需求选择性接触信息，并在此基础上对信息的传播做出感知与反馈。[①] 在考察媒介的新闻传播、媒介效果、舆论引导的过程中，无法将受众对媒介和媒介信息的感知排除在外。麦奎尔曾将大众传播理论分成五种，即社会科学理论、文化理论、规范理论、操作理论以及常识理论。[②] 其中，社会科学理论是运用社会科学研究方法进行的讨论，规范理论讨论的是大众媒介应该怎样，操作理论（现场理论）是媒介工作者的认识，常识理论是普通人对大众传播媒介的认识。人们经常关注前四种理论，尤其是第四种，而普通人对媒介的认识在实证研究中一直被作为"天真的"理论加以忽略。[③] 敌意媒体效果研究提示我们，受众对媒体的偏见感知作为媒介和媒介偏见的认知体现，值得了解和分析。

---

① 周葆华. 效果研究：人类传受观念与行为的变迁 [M]. 复旦大学出版社，2008.

② 丹尼斯·麦奎尔著. 崔保国，李琨译. 麦奎尔大众传播理论 [M]. 清华大学出版社，2010，12.

③ 刘海龙. 大众传播理论：范式与流派 [M]. 中国人民大学出版社，2008，217.

（二）研究的社会背景

在敌意媒体效果的研究中，政治议题、环境传播议题、社会热点问题、科学技术议题等领域的诸多争议性议题，都被用来测量和分析受众的媒介偏见感知。因为从敌意媒体感知的研究基础来看，具有重大意义的争议性议题会牵扯各方利益，一般都有较高的关注度，不同公众对这些问题的看法也有所不同，议题的讨论也相对较多。争议越大、受众立场不同，受众的关注度越高，受众对相关议题的新闻报道的反应也较快速。

本研究以具有社会争议性的"转基因生物技术"相关新闻作为受众偏见感知研究议题，分析受众对转基因新闻的偏见感知及这种感知对受众态度和行为的影响。选择"转基因生物技术"议题，既考虑到转基因议题有较高的关注度与争议性，满足敌意媒体感知研究的基础条件，也考虑到"转基因生物技术"等科学新闻信息传播在当今社会生活中的重要性与面临的实际问题。

科学研究与公众的日常生活息息相关，它可以用作个人决策的制定，也可以帮助公众参与社会议题，同时还是文化事业创新的动力和社会生产率提高的要素。人类的每一个进步都无法离开科学的贡献。从看病就医、疫苗接种等个人生存与发展层面，到关乎国计民生、国家综合实力提升的战略层面都无法离开科学的支持，可以说，科学是社会进步的基石。

随着网络与移动技术的发展，人们科学技术信息的接触频率与数量都逐渐上升。技术的便利与迅捷既推动了科学知识的普及，也带来了一系列新的问题。一方面：受众能够快速获得更多科学技术相关的新闻信息来满足个人需求，为日常生活所用。另一方面，具有风险的科学议题和科学新闻的快速传播也使得受众对争议性问题的讨论也普遍增多。以转基因食品（Genetically Modified Food，"GMF"）为例，农业部曾于 2010 年 3 月 15 日发布过题为《农业部就农业转基因技术与生物安全等问题答问》的文章[①]，文章中指出：

基因是携带物种遗传信息的 DNA 片段，是控制物种遗传性状的基本单位。基因通过转录、翻译成蛋白质表现出生物的特征特性，可以在繁衍过程中代代相传。转基因技术就是将控制已知功能性状的基因，通过生物技术手段转入目标生物基因组中，使其获得新的功能特性并保持原有遗传特性，从而获得新品种、生产新产品。文章同时指出，转基因技术与传统育种技术相比，具有两方面的优势：

第一，传统育种技术只在同一物种内进行基因交换，而转基因技术可以实现不同物种间的基因交换，扩大控制特定性状基因的利用范围；第二，传统的杂交育种技术中的基因交换是整个基因组参与的，不能具体到某一个特定基因，而转基因技术是将一个物种的特定功能的目标基因转移到另一物种基因组中，后代表现可准确预期。[②]

关于转基因食品是否安全的争议也从未间断：对于转基因技术和转基因食品，支持者认为转基因可以减少农药和除草剂的使用剂量，提高农作物的抗虫性，并提高农作物的产量和营养价值，从而解决粮食短缺等问题，因此是我国农业向现代化发展的关键步骤；同时，反对者认为，转基因食品破坏了自然界生物发展的结构与规律，对人体有潜在的危害，从伦理道德角度出发也存有疑问。虽然目前对转基因生物技术和食品是否有危害尚无确定性结论，但是支持者与反对者之间对转基因议题的争论一直围绕着转基因新闻，并随着每一次转基因议题相关事件的发生而掀起巨大的争论。

诚然，科学议题讨论的增加，是公众对科学问题关注度提升的表现之一，也是公众本身参与社会事务意愿增强的象征。但是，层出不穷的科学谣言与

---

① 中央政府门户网站，2010 年 3 月 15 日。http://www.gov.cn/gzdt/2010-03/15/content_1555803.htm.

②《农业部就农业转基因技术与生物安全等问题答问》，中央政府门户网站，2010 年 3 月 月 15 日。http://www.gov.cn/gzdt/2010-03/15/content_1555803.htm

其他公共事件导致的情绪化传播，不仅动摇了公众对科学技术的信心，也给科学知识的生产与传播环境带来了巨大的舆论压力，这种舆论压力为科学研究的前进和科学技术的研究设置了一定压力。

在科学新闻的传播中，意义的产生伴随着从新闻生产到新闻消费时的所有协商，其中包括科学家与记者的协商、记者与编辑的协商、科学信息与新闻价值的协商、受众对信息理解时的协商。针对某一个具有争议的问题，具有不同的观点和立场的受众，会有不同的解读偏好。受众对于转基因议题争论不休，不同立场的受众在面对转基因新闻时，都从各自的立场出发解读，并进行再加工与传播。可以说，转基因等科学议题新闻的传播既无法避开社会环境、文化因素的影响，也不能避免立场不同和背景各异的受众的解读。受众在接触议题新闻报道时的认知、媒介偏见感知与其他态度和行为，都是决定科学议题能否良性传播的重要因素。

正如爱弥儿·涂尔干（Emile Durkheim）曾在其著作《宗教生活的基本形式》中讲道：

事实上，在所有社会生活中，科学都是以舆论为基础的。毫无疑问，这种舆论既可以作为研究的对象，也被当作构成科学的基础。科学作用于舆论的必备力量恰恰是在舆论中获得的。①

在复杂的科学传播系统之中，作为科学信息传递的主要形式，科学新闻在科学传播过程中扮演了极为重要的角色，是科学知识在社会语境中的一种媒介再现（media representation）。②但是，这种对社会公领域和私领域都有影响力的媒体再现与受众感知之间并不对等，新闻媒介报道的内容不能与受众接收与感知画等号。如果受众在其立场的支持下，认为新闻媒体与新闻内容具有偏见，就会导致其对科学产生怀疑，降低科学传播的效果。本书认为，

---

① 爱弥儿·涂尔干著．渠东，汲喆译．宗教生活的基本形式 [M]．上海：上海人民出版社，1999，575．

② 斯图尔特·艾伦．媒介、风险与科学 [M]．北京大学出版社，2014，9．

针对同一个具有争议的议题及新闻报道，具有不同立场的受众，会对媒介与报道内容产生不同的偏见感知与评价倾向，而这种感知偏向进而影响受众的舆论感知、意见表达以及其他行为。

在传统的科学新闻的传播研究中，有两个潜在假设：第一，是认为媒介及媒介报道本身倾向性较小；其次，是受众对科学知识的评价和接受不存在倾向。第一种假设认为：科学传播中的新闻报道本身是中立的，其信源是可以信服的，如果科学报道出现不准确的问题，则是由于科学知识本身所具有的复杂性造成的。第二种假设观点认为，受众对科学传播信息的理解不同于对一般信息的理解，在科学信息的接受中只存在"无意识"的无知，而足够的科学素养能够修正科学信息接受中的偏差。但是基于媒介敌意效果的研究发现，作为偏见的另一端，受众在接受科学传播的信息时也同样具有偏见，科学传播中的争议性越大，越容易引发不同观点的受众对媒介报道产生偏见。

基于以上观点，本研究的提出意在说明：在科学传播的过程中，应该将媒介的再现与公众对科学新闻的感知相结合，从公众的知识结构、媒介使用、媒介认知、媒介内容评价等多角度出发，分析公众对科学议题的认知、对新闻媒介与报道内容的感知及其他行为参与，使该研究既能够对受众的媒介偏见感知有初步的检视，也能够对受众在其感知影响下的表达参与行为有所理解。

二、研究意义

（一）以敌意媒体感知为研究对象的意义

媒介偏见的受众感知不仅影响受众对新闻文本意义的解读，也影响着受众对议题的表达式参与和行动式参与，因此，从受众层面来分析媒介偏见的主观感知，对新闻内容传播、受众意见感知、社会舆论形成研究均有意义。

如前文所述，我国目前在媒介偏见研究方面，多关注于新闻生产与流通层面的偏见成因、结果与影响，对受众偏见感知及在这种偏见感知影响下的行动回应的理论和实证关注都不多。因此，本研究以敌意媒体效果为受众偏见感知的研究基础，对受众的媒介偏见感知、媒介偏见感知下的意见感知和意见表达进行探索式研究。唯有将受众的媒介偏见感知纳入媒介偏见的研究范围中进行思考，对受众的新闻报道偏见感知与回应进行分析，才能将媒介偏见研究视为一个完整的体系。

在媒介偏见研究中，一般对新闻生产中的偏见研究较多，而对受众的偏见感知与影响研究较少。本研究将目光转向偏见研究的另一端——受众，结合社会学、认知心理学等学科，围绕科学传播中的争议性问题，分析受众心理与行为，寻求降低受众媒介偏见感知、改善新闻传播环境、优化传播效果的路径。

在受众的媒介偏见感知方面，聚焦于受众对于媒介偏见的认知，即受众是否感受到媒介偏见的存在，如果受众感受到媒介偏见存在，这种感知与什么相关以及可能带来的后果等，都是媒介偏见的感知研究所需要深入分析的内容。

试问，如果受众认为媒介报道站在了与自己立场相反的一端，这种偏见的感知来源于受众对议题认知的影响，还是来源于受众对媒介认知的影响？因此受众的敌意媒体效果可能带来的影响与后果也都是对媒介偏见感知进行分析的一个重要方向。

此外，敌意媒体效果的研究对于媒介偏见研究的另外一个贡献是了解受众对媒介内容与媒介偏见的解读。研究不仅仅将目光聚焦于受众对于新闻内容的解读和再生产，而是聚焦于媒介偏见的认知、解读和再生产方面。在传播学的受众主动性研究当中，对于受众的内容解读和"主动性"的思考也一直都受到关注与热议。霍尔曾提出受众的"编码 / 解码"的理论，认为受众对于内容的解读会产生不同的方向，受众不仅向内容妥协，也能够反向地进行对抗性解读。作为主动性的受众，如果媒介内容的解读具有不同的方向，那么对媒介偏见的感知是否也具有不同的方向，这也是对于媒介效果研究需要分析的内容。

将媒介的呈现与受众的感知结合起来思考媒介偏见研究，还基于以下考虑：

首先，从媒介偏见的定义来讲，对于"偏见"本身操作化定义存在的局限性，使得在媒介报道当中存在的媒介偏见难以得到测量。对于媒介偏见，有的研究从报道的篇幅出发，有的研究则从报道援引的消息源出发，但无论哪种操作化定义，在测量媒介偏见的时候都具有一定的局限性，无法较好反映报道是否存在媒介偏见。其中，媒介偏见难以得到较好的实证测量的另一个原因是，对于媒介偏见的研究有赖于研究者的主观判断。对于媒介偏见的实证研究，大多来自对媒介报道的内容分析和文本分析。研究者本身的意识形态、研究者所站的角度、专业水平都将影响研究者对报道内容的解读与评价。

其次，在 Domke、Watts、Shah & Fan 的研究中，分析了 1988 年、1992 年和 1996 年的三次美国总统大选的新闻报道和公众舆论，发现虽然公众认为媒介不仅偏向于民主党，而且针对保守党候选人的反对也在不断增加。[①]但证据表明，公众对媒体偏见的看法并没有对应到实际的新闻内容的呈现中，因为研究者发现只有在 1992 年的大选中出现了媒介对于民主党的偏向。既然报道当中并没有存在明显的媒介偏向，但是公众依然认为媒介偏向的存在，那么对这一现象的理解则需要考虑更多的问题是，在媒介报道可能存在的偏见之外，受众是如何认知媒介报道与媒介偏见的？对于媒介偏见研究，我们也要思考的问题时，在很多时候，媒介并没有明显的偏见，但为什么受众会产生这种偏见的感知？

通过敌意媒体效果研究，目的在于了解媒介偏见呈现与受众偏见感知之间的偏差，让我们认识到受众作为偏见感知的主体，其媒介偏见的评价是媒

---

① Domke D, MD Watts, Shah D V, et al. The Politics of Conservative Elites and the "Liberal Media" Argument[J]. Journal of Communication, 1999, 49(4):35–58.

介偏见的现实呈现。在以往媒介偏见研究中，一般都将新闻的生产者和新闻生产机构作为研究对象寻求改进媒介偏见的路径，本研究希望直接以新闻传播中的受众对媒介偏见的感知为中心，寻找影响受众新闻偏见感知的要素，进而分析受众参与媒介信息传播活动的动力与意愿，将受众的偏见感知与后续的信息传播参与行为纳入信息传播的系统当中，寻求优化信息传播的路径。

（二）以科学新闻为研究对象的意义

早在 1944 年，英国社会学家贝尔纳就注意到传播在科学中的关键作用。[①]他认为："按照过去关于科学的概念，交流是科学家之间唯一的桥梁。"但是在今天，"需要极为认真地考虑解决科学交流的全盘问题，不仅包括科学家之间交流的问题，而且包括向公众交流的问题。"并主张用当时的科普书籍、无线电和电影院来传播科学知识，让受众了解科学工作。

科学知识与科学信息的传播与其他信息的传播一样，随着技术手段和社会环境的变迁而变化，在此过程中，大众传媒在科学知识传递中扮演着举足轻重的角色。

1985 年，英国伦敦皇家学会发布了名为《公众理解科学》的报告。[②]该报告专门开辟了章节探讨大众传媒对科学知识传播的关键作用，认为传媒对公众理解科学具有举足轻重的作用，新闻记者与科学共同体应该共同努力，推动科学知识普及。虽然有批评者认为该报告具有一种居高临下的姿态，但是从另一个方面来讲，《公众理解科学》也是科学与公众之间关系的一个重要转折。

2000 年英国上议院科学技术特别委员会发表了《科学与社会》（ *Science and Society* ）。这份报告指出，由于疯牛病等事件的影响，公众对生物学和其他自然科学的技术应用产生了信任危机。对于科学家和科学相关的声明，公众表现出越来越多的不安。在寻找这些不安产生的原因时，科学新闻成为一

---

① 贝尔纳.科学的社会功能 [M].商务印书馆出版，1982.
② 因为其负责人是遗传学家博德默（Bodmer），因此这份报告也被称为"博德默报告"。

个关键因素。该报告认为，在个人离开学校后，新闻媒体才是公众接收科学信息的主要来源，而新闻报道与科学家之间的紧张关系以及新闻的编辑方针都会影响到科学的新闻传播。在对科学与传媒的关系探讨中，指出科学新闻要把握"不确定性""风险"和"责任"三个重要方面，并且对科学新闻的传播给出建议。

可以看出，在不同的科学研究报告中，都曾提及科学新闻（science journalism），可见科学新闻本身在科学传播系统中具有越来越重要的影响力。科学新闻之所以看起来比其他任何一个领域的新闻都更具有严肃性，是因为它从一开始就围绕于科学和新闻两个方面，并在两个相关的规则制约下一起工作。作为一般新闻所应该具有的新闻价值，科学新闻的新闻价值更需要严格探讨和总结，伦斯伯格总结了作为报社科技记者所要面对的五个新闻价值，即新闻的新奇性、自然受众的规模、重要程度、结果的可靠性和实效性。[①] 而作为科学信息的传播载体，科学新闻在公众理解科学，公众参与科学过程中具有举足轻重的意义，因此公众对科学新闻的认知又是无法回避的重要问题。

当然，对于现在科学新闻中存在的诸多问题，研究者也多有关注。例如在科学家与新闻记者的关系当中，科学家注重细节，而记者关注宏观，科学家寻求共识，而记者争论戏剧性。[②] 在科学新闻中用想象取代科学内容，将科学新闻报道的焦点集中在研究竞争上（是否第一个获得结果），而忽视了科学本身的规律。在风险社会的大背景下，如疯牛病、SARS、转基因科技、全球气候变暖等问题牵动着公众的神经，公众对社会风险的认知和建构来自科学新闻认定和建构。科学家与记者时而矛盾的关系、科学新闻的生产压力都是科学新闻在传播科学知识时的局限。

---

① 斯图尔特·艾伦. 媒介、风险与科学 [M]. 北京大学出版社，2014，90–91.

② Salisbury D F. Colleges and universities, in Blum D, Knudson M. A Field Guide for Science Writers: The Official Guide of the National Association of Science Writers[J]. Oxford University Press. 1997.

另外，先前的研究发现，逐渐出现上升趋势的反对活动与新闻报道当中出现的争议报道的数量相关，即新闻报道的争议性议题越多，受众的反对声音越大。[①]这种现象在核能源科问题和生物技术议题方面都曾呈现。作为非线性的传播过程，科学传播作为利益相关者、媒介和社会政治环境之间的复杂协调，而具有多方面意义协调的本质。科学新闻的意义再现，受众也有不同的解读，因此对意义的解读则需要从受众的角度进行了深挖。但从现有研究来看，大量关于科学新闻传播的受众参与研究存在如下问题：第一，关于科学传播当中公众的表达和参与的研究多停留于思辨层面，实证研究较为欠缺，难以通过基于实证研究的数据来寻求普遍规律；第二，忽视受众差异，即不同立场的受众对同一问题的立场、观点、态度造成的意见表达参与时的路径与特征。

总体而言，科学新闻在科学知识和科学信息的传播中具有重要的意义，并起到关键作用，与此同时，公众对科学新闻呈现的感知也无法被忽视。受众对科学新闻解读与意义建构是科学新闻传播的现实。

三、研究目的

本研究的提出，主要为实现以下几个目标：

首先，通过全面的文献分析，深入了解敌意媒体感知、受众意见气候感知、受众意见表达式参与方面的已有研究成果，为研究受众媒介偏见的媒介认知、偏见感知、意见感知与意见表达等奠定理论基础；

其次，在文献分析的基础上，从不同的研究视角出发，界定概念、提出假设、确定研究变量，分析受众的敌意媒体感知的特点、敌意感知的影响、意见气候感知及意见表达的主要特点；

[①] Mazur A. Media Coverage and Public Opinion on Scientific Controversies[J]. Journal of Communication, 2010, 31(2):106–115.

再次，根据确定的研究变量与选择的样本进行描述性分析，就提出的假设进行逐一验证，判断假设是否成立，并形成研究结论和降低敌意媒体效果的可能，以期能够形成有意义的研究结论；

最后，总结研究经验，指出该研究存在的不足，为以后的研究提供参考。

四、拟解决的问题

以受众的敌意媒体感知为中心，以转基因技术议题为例，从受众对争议性科学问题的新闻报道感知入手，分析受众对争议性科学新闻报道的卷入程度、态度、评价与意见气候感知，从而探析受众对争议性议题新闻的评价、感知、反应与参与。

研究围绕以下主要内容：

受众是否产生了敌意媒体效果，即是否认为媒介报道具有敌意的倾向？敌意媒体效果对受众的情绪、政治效能、意见气候感知分别有什么样的影响？这些影响是否会促进受众的意见表达参与？基于新闻的偏见感知与意见气候感知，受众会做出怎样的反应？

要完成本研究提出的以上问题，需要逐一解决以下几个小问题：

第一，在仔细阅读文献资料的基础之上对概念能够清晰地界定。本书将通过对已有研究的梳理分析和总结，逐步确立敌意媒体感知影响下受众意见表达的概念定义与操作化定义，确定能够获取敌意媒体感知、意见感知的测量，确定受众意见表达途径的问卷与访谈内容。这是本研究需要解决的第一个问题，也是本书研究的基础。

第二，在已掌握的知识背景基础上，结合问卷调查与深度访谈的研究路径，对受众获取转基因科技新闻或信息的途径、媒介使用特点和媒介认知进行了解，并在此基础上对受众的媒介敌意感知的影响因素进行分析。

第三，通过问卷调查数据分析与质化材料的互相补充，对敌意媒体感知的影响进行挖掘，探寻推断敌意媒体感知对受众个体的影响，并就个体对他人影响推断进行第三人效果检验、意见气候感知和政治效能进行分析。对解决下一个问题，即受众的意见表达研究打好基础。

最后，在先前问卷调查与数据分析的基础上，对受众的反应及意见表达进行交叉的数据分析，主要内容包括：基于敌意媒体感知与意见感知，受众如何应对媒介报道？受众是保持沉默还是积极参与意见表达？各种不同立场的受众表达的目的是什么？渠道是什么？这些不同的意见表达在未来的科学传播中是否具有预测力？

五、本书框架

全文围绕敌意媒体效果的产生和影响，探寻敌意媒体效果对意见表达的影响，总共分为七章，大致分为以下内容：

第一章为绪论，主要介绍本书研究的理论背景与社会背景、研究意义、研究目的与研究框架。

第二章是研究文献综述的梳理与概括。包括敌意媒体效果的产生原因、变量研究、产生的结果和影响以及受众的意见表达等。并在梳理文献综述的基础之上，提出研究问题与研究假设。

第三章是研究方法与研究设计说明。就研究方法当中的调查问卷与深度访谈法要解决的问题进行解释，对概念化和测量进行说明。

第四章着重分析受众的敌意媒体感知。从受众的转基因议题态度、人口学统计特征、受众科学信息的接触与使用、受众卷入程度、新闻可信度和媒体到达度等方面对受众的敌意媒体感知进行分析。基于测量而分析受众是否产生了敌意媒体效果？在什么群体中产生了敌意媒体效果？以及敌意媒体效果的产生与哪些因素相关。

第五章主要介绍敌意媒体效果的影响。分析受众产生的敌意媒体效果对受众情绪、意见感知、个人政治效能等的影响。了解敌意媒体效果是否造成了受众的媒介愤慨、受众如何推导他人意见、个人的外在政治效能是否与敌意效果相关等。

第六章主要分析敌意媒体效果与意见表达。在前两章敌意感知与影响分析的基础上，对受众的意见表达意愿进行数据分析，结合深度访谈，寻找敌意媒体效果与意见参与表达背后的深层次联系。

第七章为本研究的研究讨论与研究局限分析。主要对论文当中的数据和研究结果进行总结，对研究当中发现的问题进行讨论，并在此基础上分析研究不足，提出未来研究的方向和需要改进的地方。

第二章
核心概念与文献综述

1985 年，斯坦福大学的 Vallone 等研究者发表题为 *The Hostile Media Phenomenon：Biased Perception and Perceptions of Media Bias in Coverage of the Beirut Massacre* 的文章，首次提出受众对媒介偏见的评价是一种"敌意"的媒介现象，这种敌意现象表现在：受众认为媒介报道站在与自己相反的立场上，对自己的立场是有"敌意"的。作为媒介偏见的分支，受众产生的敌意媒体现象是受众对新闻媒介偏见的一种评价，与媒介偏见当中的其他客观呈现不同，受众的媒介偏见是一种基于感知（perception）的主观呈现。

Vallone 等采用实验法，对斯坦福大学的 144 名学生播放了 1982 年贝鲁特大屠杀的新闻报道（其中包括亲以色列派 68 人、亲阿拉伯派 27 人、中立派 49 人）。在观看报道后，研究者请受试者就以色列与黎巴嫩谁该对大屠杀负责以及节目责任编辑的态度等问题进行评价。实验发现，亲以色列派和亲阿拉伯派的受试者对新闻内容的看法截然不同，亲以色列派认为新闻内容暗示以色列为施暴者，巴勒斯坦解放组织为受害者，而亲阿拉伯派的受试者认为新闻报道暗示了巴勒斯坦一方为施暴者，以色列为受害者。两派均认为该新闻报道的立场偏向对方，与自己一方的立场不一致，且两派都认为中立派的观众看完新闻报道会转变其立场，转而支持对方。Vallone 等研究者将这一现象称为"敌意媒体"现象。

自该文章发表后的三十年间，敌意媒体效果在诸多领域和议题中都得到了证实。在不同的研究中，研究者均采用具有争议性的议题，并在分析后得出结论：无论新闻报道是否客观，对议题高度卷入的受众会认为媒介报道的内容不客观，认为媒介的报道立场与自己的立场相反。同时，这些具有不同立场的人认为，媒介的报道对中立立场的人具有重要影响。值得注意的是，虽然在不同的研究文章中，研究者用敌意媒体效果（hostile media effect）、敌意媒体感知（hostile media perception）、媒介偏见感知（perception of media bias）作为研究概念，分析受众媒介认知和媒介偏见。虽然以上概念的使用不同，但都具有一个共性，即敌意媒体效果是一种受众的主观感知。这种敌意媒体效果虽然被称为"效果"，但是这种效果不是由媒介内容直接引起，而是基于受众的主观评价。

一、敌意媒体效果

敌意媒体效果是受众对媒介偏见的感知（perception）和评价（assessment）：是受众对于媒介报道偏向谁的一种主观感知，是受众对媒介报道是否中立均衡的一种评价。即受众感知媒介站在了谁的立场上，媒介报道的内容是中立客观的，还是有偏向的？如果有偏向，媒介报道偏向"我"这一方，还是对立的另一方。基本而言，受众以媒介报道所在的立场来评价媒介报道及媒介是否中立、公正。

敌意媒体感知的概念凸显了媒介偏见另一端——受众一端对于媒介偏见评价的几个重要元素：方向、对象和来源。

Hostile——作为偏见感知的方向敌意：

"敌意"的感知说明了两个相反的立场：受众自身立场和媒介报道的立场。Vallone 等人首次在研究中提出"敌意"来描述受众对媒介立场的感知。研究者对亲以色列和阿拉伯两派的被研究对象播放的是同一段客观均衡的新闻报道，但结果表明：两派均认为该新闻报道对自己具有"敌意"。在这一研究中，尽管媒介报道所持立场是中立的，但受众对议题持有各自不同的倾向，两个原有立场相对立的受众，均认为媒介报道也存在倾向性，且媒介报道所呈现的倾向性与自己所持的立场相反，媒体及其报道倾向于与自己的立场"敌对"。即受众认为媒介报道站在了与自己相反的立场上，对自己的一方是有"敌意"的，这种敌意来自受众对于媒介报道立场与自身立场的感知偏差。

Media——作为感知对象的媒介：

"媒介"说明了在敌意媒体现象中，受众感知媒介偏见的对象。这种对象既包括媒介内容本身，也包括制作媒介内容的新闻工作者和发布媒介内容的新闻机构。Vallone 在研究中既考察了受试者对媒介内容的立场感知，又分析了参与者对媒介内容生产编辑的立场。受试者认为报道内容与新闻编辑均站在了自己的对立面上。在与敌意媒体效果相关的后续其他研究当中，不同的研究者均考察了受众对媒介内容、内容生产者、内容生产机构的评价。研究发现，不仅是媒介内容本身会让受众产生媒介存在媒介偏见感知，媒介内容背后的媒体到达度、媒介的可信度等媒介特质会影响受众的媒介偏见感知。

Perception——作为评价的来源的感知：

感知是对信息注意和解释的过程。[①] 敌意媒体效果来源于受众对信息的解释与评价。敌意媒体效果的来源并非是媒介或媒介报道，而是受众"认为"和"感知"到的媒介对受众的"敌意"。即无论媒介报道是否客观，受众都可能会认为该媒体与媒体的报道没有站在中立、公正的角度上，而是站在了与自己观点对立的一方，报道对自己和自己一方的人有"敌对"的倾向。受众对议题的立场、对议题的关注度、对媒介的刻板印象、对新闻工作者的认知以及受众的知识水平等，都是其敌意媒体效果感知的根源。

通过对概念的解读与分析，可以看出敌意媒体效果研究的基本要素，即媒介立场和受众立场、媒介内容、媒介特质以及最主要的来源——受众和受

---

① 理查德·韦斯特，林恩·H·特纳. 传播理论导引：分析与应用 [M]. 中国人民大学出版社，2007，550.

众对信息特质的感知。敌意媒体效果是受众基于其本身特质而对媒介报道内容、媒介信息来源和新闻内容生产者所做的立场感知与评价。

无论媒介报道是否中立、公正，认为媒介报道不客观、记者不客观或媒体不客观的部分受众，均会认为媒介报道站在了不利于自己一方的角度上，与自己的立场和观点相反，这种作为受众的偏见而产生的敌意媒体效果，因此而被称作"对媒介偏见产生的偏向性感知"（biased perception of the media bias）。[①] 在敌意媒体效果的研究中，对于同一篇报道，具有不同立场的受众是否会产生敌意效果，是敌意媒体效果研究的第一层，而受众所产生的敌意效果与什么因素相关，则是敌意媒体效果研究需要深入探索的更深层次内容。

二、敌意媒体效果的研究概况

与其他的传播现象与效果研究一样，敌意媒体效果研究也经过了反复的验证。研究者从多个角度寻找影响敌意媒体现象的原因及其可能产生的后果。Glenn J. Hansen 和 Hyunjung Kim 通过对 34 项关于敌意媒体效果的研究进行的元分析（Meta-Analysis）发现，敌意媒体效果是一个普遍存在的媒介效果。[②] 研究者们利用具有争议性的研究议题进行分析后得出结论：无论新闻报道是否客观，对议题高度卷入的受众均会认为媒介报道的新闻内容不客观，媒介报道的立场与自己的立场相对立。同时，这些产生敌意媒体效果的受众会认为，媒介的报道对中立立场的人具有重要影响。

敌意媒体效果的研究，为媒介偏见的研究开辟了一个新的视角与解释：

① Borah P, Thorson K, Hwang H. Causes and Consequences of Selective Exposure Among Political Blog Readers: The Role of Hostile Media Perception in Motivated Media Use and Expressive Participation[J]. Journal of Information Technology & Politics, 2015, 12(2):186–199.

② Hansen G J, Kim H. Is the Media Biased Against Me? A Meta-Analysis of the Hostile Media Effect Research[J]. Communication Research Reports, 2011, 28(1–4):169–179.

为什么那些由具有中立立场的新闻记者报道的中立新闻，在具有强烈倾向性的受众眼中仍然会呈现出倾向性。此外，敌意媒体效果的研究表明，在传播过程中，受众仍然扮演着重要的角色，他们将自己对新闻媒介偏见感知与意见的感知相联系，进而影响到其他社会行为与公众舆论的形成。

本书分别以"hostile media effect""hostile media perception""perception of media bias"作为英文搜索条件，以"敌意媒体效果""敌意媒体效果""敌意媒体现象""敌意媒体感知""媒介偏见感知"作为中文搜索词，分别从 sage 数据库、中国知网数据库、ProQuest 学位论文全文库进行关键词搜索，共搜索到文献57 篇，其中英文文献 52 篇、中文文献 5 篇，包括中文学位论文 1 篇（硕士学位论文）、英文学位论文 2 篇（博士学位论文）。自 1985 年里程碑式的研究后，敌意媒体效果的逐渐增多，主要集中于传播学和心理学领域，研究数量逐渐增多如下图（图 2.1）所示：

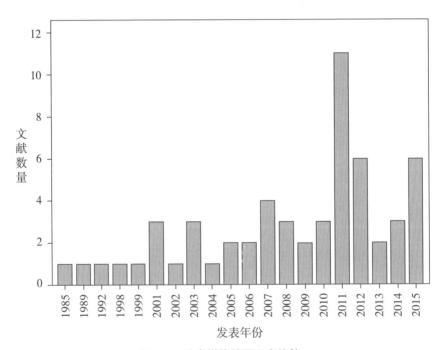

图 2.1 敌意媒体效果研究趋势

三、敌意媒体效果的形成

在新闻生产和新闻传播活动中，新闻媒介一直因其报道所呈现出的倾向性和偏见而饱受批评。虽然"客观"与"中立"一直以来作为新闻专业主义追求的目标，一直是新闻工作者和研究者长期以来强调的重点，但敌意媒体效果的研究证明：媒介偏见是一个整体的系统，其中的主体不仅包括新闻工作者，也包括受众。某些具有强烈倾向性的受众，即使面对的是由具有中立立场的新闻记者报道的中立新闻，也会呈现出强烈的倾向性。本书的第一个研究问题：面对转基因议题的新闻，什么人出现了敌意媒体效果？对此，本文提出的研究假设：

H1$_a$：相比较对转基因议题持中立立场的受众，对转基因持强烈支持立场的受众对转基因新闻报道产生了敌意媒体效果；

H1$_b$：相比较对转基因议题持中立立场的受众，对转基因持强烈反对立场的受众对转基因新闻报道产生了敌意媒体效果。

Vallone 等人前期曾在关于总统选举的政治议题当中，以卡特与里根的竞选作为对象进行过电话调查，但是并没有发现明显的敌意媒体效果。后来分析认为可能只有足够强烈刺激的材料和议题，才能引起敌意感知效果。这些能够唤起强烈刺激的材料和强烈的党派立场相结合，只有在这两个条件都满足的情况下才能产生敌意媒体效果。同时，Vallone 等人曾解释敌意媒体效果是由于人们先前所具有的议题态度所引发。态度的强烈程度影响着受众的敌意媒体效果感知。因此，本书提出以下研究假设：

H2：敌意媒体效果与受众态度强烈度正相关。在不同立场的受众群体中，对转基因议题态度越强烈，其敌意媒体感知越强烈。

H2$_a$：与对转基因议题持中立立场的受众相比，支持转基因的受众对转基因新闻报道产生了敌意媒体效果，其转基因议题态度越强烈，敌意媒体感

知越强烈。

H2ₐ：与对转基因议题持中立立场的受众相比，反对转基因的受众对转基因新闻报道产生了敌意媒体效果，其转基因议题态度越强烈，敌意媒体感知越强烈。

梳理和总结过去敌意媒体现象的研究成果，周树华和阎岩将影响敌意媒体感知的因素总结为卷入程度、先入之见、信息来源和到达度。[①]P.Slo Hart等人从四个因素对敌意媒体现象进行解释，这四个元素分别为：受众卷入、信息认知机制、信源特征和达到度假设。[②]本书将从受众卷入、媒体到达度、信源特征（包括信息来源、新闻可信度）解释敌意媒体感知的影响因素，进而分析敌意媒体效果产生的原因，并探讨敌意媒体效果可能产生的结果。

第一，受众卷入（involvement）。与心理机制研究不同，受众卷入一直是敌意媒体效果研究的核心。对议题的卷入是关于受众对议题持续性和重要性（persistent and important）认识的关键研究，敌意媒体效果一直在对议题具有高卷入程度的受众中进行研究，一般通过高卷入程度的和低卷入程度的对比进行分析。Gunther 认为敌意媒体现象与人们对议题和群体的卷入有巨大关系，[③]Gunther 和 Christen 在 2002 年的研究中，运用了具有全国代表性的样本，证明这种效果在高卷入程度的人群中并非有限。[④]

受众的自我卷入（ego-involvement）首先因身份而产生。同样是针对黎巴嫩战争的研究，研究者将群体身份作为受众感知媒介报道的一个变量，发现

① 周树华，阎岩 . 敌意媒体理论：媒介偏见的主观感知研究 [J]. 传播与社会学刊，2012，22：187-212.

② Hart P S, et al. Extending the Impacts of Hostile Media Perceptions: Influences on Discussion and Opinion Polarization in the Context of Climate Change[J]. Science Communication, 2015, 37(4): 506-532.

③ Gunther A C. Biased Press or Biased Public? Attitudes Toward Media Coverage of Social Groups[J]. Public Opinion Quarterly, 1992, 56(2):147-167.

④ Gunther A C, Christen C T. Projection or Persuasive Press? Contrary Effects of Personal Opinion and Perceived News Coverage on Estimates of Public Opinion[J].Journal of Communication. 2002, 3: 177-195.

受众自我卷入在媒介内容感知过程扮演着重要角色。[①]受众的自我卷入，是区别作为群体成员的个体对相关议题接受或拒绝的维度指向。自我卷入的个体具有强烈的群体认知，并能够保证与群体保持相关一致的立场。研究者从6所公立和私立大学招收了犹太学生和阿拉伯学生（中立的控制组学生为同一州公立大学的学生）。这些受试者被告知观看关于中东战争的录影带，观后的反馈将用于完善该录影带。受试者分别观看来自 CBS、NBC 和 ABC 对 1982 年的黎巴嫩战争的报道，观看后回答了调查问卷当中一系列封闭和开放的问题。

研究表明，自我卷入对传播效果的构想产生了强烈的影响：具有相对立立场的两派都认为媒介对自己一方是有"敌意"的，同时通过第三人效果假设和卷入程度的检验分析发现，双方都认为控制组会转向对方，认为中立组会评价自己是发动攻击的一方，而对手一方是受害者。研究证明，高卷入度会使个体过度评价第三人效果，或者说夸大媒介的第三人效果。高卷入度的受众认为，媒体对其所在群体的报道不友好，进而产生了较为明显的敌意媒体效果感知。同时，Gunther 的又一研究证明，高卷入度的受众在对待媒介报道时不仅态度更审慎，而且还对媒介内容产生了不信任感。[②]

随着敌意媒体感知研究的深入，受众卷入的类型也得到了细分。Choi 和他的同事区分了议题卷入的类型，分别为价值相关卷入（value-relevant）和结果相关卷入（outcome-relevant）。[③]价值相关卷入是指个人的态度作为价值表达的功能，结果相关卷入则用来代指"问题对于个体当前相关的重要的目标和结果"。除了价值相关与结果相关的卷入，卷入程度也可以用来解释敌意媒

① Perloff R M. Ego-Involvement and the Third Person Effect of Televised News Coverage[J]. Communication Research, 1989, 16(16):236–262.

② Gunther A C. Biased Press or Biased Public? Attitudes Toward Media Coverage of Social Groups[J]. Public Opinion Quarterly, 1992, 56(2):147–167.

③ Choi J, Yang M, Chang J J. Elaboration of the Hostile Media Phenomenon The Roles of Involvement, Media Skepticism, Congruency of Perceived Media Influence, and Perceived Opinion Climate[J]. Communication Research, 2009, 36(1): 54–75.

体感知的强度。[①] 根据以上研究，本文提出研究假设：

H3：受众的议题卷入程度与受众产生的敌意媒体效果正相关。受众对转基因议题的卷入度越高，其敌意媒体感知越明显。

H3$_a$：受众的议题卷入程度与受众产生的敌意媒体效果正相关。与对转基因议题持中立立场的受众相比，支持转基因的受众对转基因议题有较高卷入度。

H3$_b$：受众产生的敌意媒体效果与受众的议题卷入程度正相关。与对转基因议题持中立立场的受众相比，反对转基因的受众对转基因议题有较高卷入度。

其次，对受众敌意媒体感知产生影响的第二个因素为媒介到达度（the media's reach）。媒介到达度能够解释产生敌意效果的潜在原因是因为媒介内容所传播涉及的受众数量。Gunther and Liebhart 认为，"来自广阔到达度（broad reach）信息渠道的媒介信息能够影响广泛的（wide）受众"。[②] 人们一般认为低媒介到达度的信息具有较少的观众，影响群体较小，而高到达度的媒介（如全国性报纸和网络）能够影响广泛的受众，而这种能够到达接触到广泛受众的信息被认为是更不可取、更不愉快的信息。

Gunther 和 Schmitt 利用实验法研究发现，在同样针对转基因食品的报道中，如果转基因食品的相关新闻来自学生论文，在转基因议题的支持者和反对者没有出现明显的敌意媒体感知现象，但如果看到内容是来自新闻媒体，议题的支持者和反对者当中均出现了较为明显的敌意媒体感知现象。[③] 随着媒介影响人数和影响力的增加，其影响受众的数量也在增多，受众对媒介内容的不愉快（unfavorable）的感知也在增加。[④]

---

① Gunther A C, Miller N, Liebhart J L. Assimilation and Contrast in a Test of the Hostile Media Effect[J]. Communication Research, 2009, 36(6):747–764.

② Gunther A C, Liebhart J L. Broad Reach or Biased Source? Decomposing the Hostile Media Effect[J]. Journal of Communication, 2006, 56(3):449－466.

③ Gunther A C, Schmitt K. Mapping Boundaries of the Hostile Media Effect[J]. Journal of Communication, 2004, 54(1):55–70.

④ Gunther A C, Miller N, Liebhart J L. Assimilation and Contrast in a Test of the Hostile Media Effect[J]. Communication Research, 2009, 36(6):747–764.

媒介到达度解释了"为什么"会产生敌意媒体现象：对某一特殊议题具有强烈立场的人，会对他人在这一议题上的想法比较关心和在意，因此，这就使得他们认为公众的看法比较重要。而大众媒介是一般个体获得他人看法的直接线索，这就使得他们认为媒介内容对其他人具有较大的影响。另外，当具有不同立场的人对某一议题高度卷入时，一般倾向于认为相比较于自己，其他人对这一议题的卷入度低、信息量少，因而更容易受到媒介的影响。因此，这些具有偏见的人就有意或无意地采取了一种防御式的信息处理机制。[①]

基于以上研究解释，提出本文的研究问题：关于转基因新闻报道，在低到达度的媒介和高到达度的媒介中，哪一种媒介更容易使受众产生敌意媒体效果？

H4：在产生了敌意媒体效果的人群受众当中，媒介到达度与敌意媒体感知正相关。在产生了敌意媒体效果的人群受众当中，低到达度的地方性媒体的敌意媒体感知低，高到达度的全国性媒体的敌意媒体感知高。

第三，信源特征。信源特征主要包括媒介的来源和媒介的可信度。其中，媒介的媒介可信度（media credibility）、媒介怀疑（media skepticism）和媒介信息来源紧密相关。

媒介可信度（media credibility）依赖于媒体的公平、准确、客观与深入，媒介怀疑（media skepticism）总体来说是对主流媒体的怀疑或不信任，是受众对媒介是否告知了全部内容的判断。[②][③][④]二者传递了媒介报道是否准确、公平、有偏向以及可信的总体特征，是受众对信息的信任的体现，也是影响新闻内

---

① Gunther A C，Liebhart J L . Broad Reach or Biased Source? Decomposing the Hostile Media Effect[J]. Journal of Communication, 2006, 56(3):449–466.

② Abel J D, Wirth M O. Newspaper vs. TV Credibility for Local News[J]. Journalism Quarterly, 1977, 54(2): N/A.

③ Tsfati Y. Does audience skepticism of the media matter in agenda setting? [J]Journal of Broadcasting and Electronic Media, 2003a, 47(2):157–176.

④ Tsfati Y. Media skepticism and climate of opinion perception. [J] International Journal of Public Opinion, 2003b, 15(1): 65–82.

容感知的一个重要因素。

自 20 世纪 50 年代末 60 年代以来，媒介可信度（media credibility）的研究开始成为美国传播学实证研究的一个重要领域，经过几十年的不断发展，在概念、判断维度和测量方面都有了长足的发展。对于 media credibility 的中文意义，张洪忠通过对照可信度、公信力和 public trust 的关系，结合以上概念在实际研究中的使用状况给出定义，认为 credibility 包含了 public trust 的含义，主张将 credibility 的对应中文词译为公信力。[①] 而与之不同，周树华和阎岩认为媒介公信力对应的是 public trust of media，是特定语境下的关系概念，有特定的产生机制和层次，而 media credibility 则应该翻译为"媒体信度"和"媒体可信度"，"可信度"又是新闻传播学科对于"媒介信任"进行操作性的切入点，虽然"公信力"和"可信度"在操作测量层面相似，但其内涵还是有区别。[②] 在敌意媒体感知的研究中，对于 media credibility 的考察则与"媒介信任"相关，是公众对媒体是否可信的感知，因此本书则采用后一种定义。

对于媒介可信度有两种认识，一种是特质说，该观点认为可信度是媒介本身的一种特质，而与受众无关；另一种则是关系说，认为可信度是一种受众与媒介之间的关系，是通过受众的认知形成的，这种可信度并不是消息本身的特质，而是源于受众的主观感知与评价。[③] 因其常涉及媒体信源属性、渠道属性、资讯属性、受众属性等内容的讨论，因此人们对媒介新闻可信度的评价不是系统化和稳定化的，而是依据话题的特点、新闻语境、个人卷入程度等要素的变化而变化的。

作为影响受众媒介感知的重要因素，受众对新闻媒介的信心传递着新闻是否准确、公平，有无偏见以及是否可信，受众对媒介的期望传递了受众的

① 喻国明，编. 张洪忠，著. 大众媒介公信力理论研究 [M]. 北京：人民出版社，2006.

② 周树华，闫岩. 媒体可信度研究：起源，发展，机会和挑战 [J]. 传播与社会学刊，2015，33：255–297.

③ 喻国明，编. 张洪忠，著. 大众媒介公信力理论研究 [M]. 北京：人民出版社，2006，29–30.

信任可以影响到对新闻的感知。① 不信任媒介的受众一般会认为媒介报道具有偏向。②Choi 等人研究发现，受众对媒介的怀疑也能够预测敌意感知，高度不信任媒体的受众认为，中立平衡的新闻报道与他们的立场相反，对媒体的不信任程度越高，就越会认为该报道具有偏见，尽管媒体提供的报道是公正、平衡的。③

但就媒介信任而言，信任本身不是一个单一的概念，而是一个复合概念，其中包括了受众对新闻内容的信任（trust of news content），受众对新闻记者的信任（trust of news reporter）和受众对新闻机构的信任（trust of corporations），与之相对应的则是受众对内容的信任（person-to-content），受众对人的信任（person to person）和受众对新闻机构系统的信任（person to system）。④ 从这个角度而言，受众对媒介的信任则包括：受众相信媒介报道的内容，认为媒介内容反映了客观全面的事实真相；受众信任新闻工作者，认为新闻工作者具备报道事实的职业素养；受众信任新闻机构系统，认为新闻机构能够提供客观、公正的报道，反映社会现实与客观事实，监督社会运行。因此，在与敌意媒体效果相关的可信度研究当中，应包括受众对新闻内容、新闻从业者和新闻机构三方的认知，即对记者的认知、对内容的认知、对新闻源的认知。

Brubaker 在其研究中指出，随着网络媒体的发展并作为传统媒介的替代性选择，受众不仅可以从主流媒体获得信息，也可以从具有可替代性的网络

① Brubaker P J. Do you see what i see? An examination of hostile media perceptions online.[D]. The Pennsylvania State University. 2012.

② Arpan, L. M., & Raney, A. A. An experimental investigation of news source and the hostile media effect. Journalism & Mass Communication Quarterly, 2003, 80(2): 265–281.

③ Choi J, Yang M, Chang J J. Elaboration of the Hostile Media Phenomenon The Roles of Involvement, Media Skepticism, Congruency of Perceived Media Influence, and Perceived Opinion Climate[J]. Communication Research, 2009, 36(1): 54–75.

④ Ann E. Williams. Trust or Bust?: Questioning the Relationship Between Media Trust and News Attention[J]. Journal of Broadcasting & Electronic Media, 2012, 56(1):116–131.

新闻网站获取新闻。[①]这些来源丰富的可替代性选择，包括博客、社会化媒体和其他新闻网站等。他通过对同性婚姻议题相关新闻的考察，分析受众对不同来源网络信息的新闻感知。在对受众新闻来源感知的分析中发现，受众对媒介博客和议题博客都产生了敌意感知，个体的党派身份在判断媒体信息的时候扮演了重要角色，进而对不同新闻源的信任度影响了敌意感知。具体而言，针对与自己政治身份（自由党和保守党立场）不同的媒介内容，新闻源偏见更明显，受众的敌意效果更加明显。

在敌意媒体效果相关的多个议题研究中，可信度与受众的敌意媒体感知紧密联系，对于新闻媒介不信任或者对某一特定媒体不信任的受众，会更加认为媒介报道内容具有偏见。[②]

本文基于以上研究问题提出问题：不同来源的新闻媒体报道的内容，产生的敌意媒体效果是否相同？敌意媒体效果与新闻源的可信度是否相关？

H5：新闻可信度与敌意媒体效果的产生呈负相关，高可信度的媒体产生了较少的敌意媒体效果，低可信度的媒体产生了较高的敌意媒体感知。

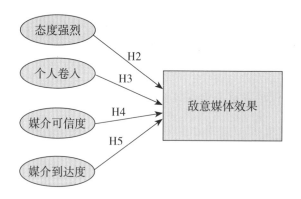

图2.2　敌意媒体效果研究假设与路径

① Brubaker P J . Do you see what i see? An examination of hostile media perceptions online.[D]. The Pennsylvania State University. 2012.

② Giner–Sorolla R, Chaiken S. The Causes of Hostile Media Judgments[J]. Journal of Experimental Social Psychology, 1994, 30(2):165–180.

四、媒介劝服推定

矛盾的是，在对因敌意媒体效果影响而产生的意见感知进行判断时，受众的意见感知方向也会出现明显的差异：对于中立者的态度变化，部分产生了敌意媒体效果人认为中立者会站在自己一方，也有部分人认为中立者会站在与自己对立的角度上。对于两种不同的意见推断，研究者分别从投射理论（projection Theory）和媒介劝服推定（Persuasive Press Inference）给出了不同的解释。

媒介劝服推定（Persuasive Press Inference）是一种建立在第三人效果假设基础上的公共舆论的推定，受众认为大众媒介具有强大的影响力，公众会受到大众媒介内容的影响，从而站在与己对立的角度上。周树华和阎岩认为，媒介劝服推定在一定程度上推动了少数观点的持有者在舆论环境当中的沉默螺旋。[1]

个体在接触到其本人持有强烈倾向性立场的议题新闻时，一般会认为相比较与自己观点相似的人，媒介对那些与自己观点不同的人造成的影响更大。[2]他们会认为，他人更容易在态度改变和态度强化过程中受到媒介影响，而尤其是那些持有中立观点的人则更因为其观点不够清晰明确而容易受到影响。[3]Gunther和Liebhart认为，受众以观点和立场作为区分，认为其他观点中立或者议题的观点不明确的人，更容易受到对立一方观点的影响和左右。[4]

与之不同，Christen等却在对1997年联合包裹服务公司UPS的罢工研究

---

① 周树华，阎岩.敌意媒体理论：媒介偏见的主观感知研究 [J]. 传播与社会学刊，2012，22：187–212.

② Oliver M B, Yang H, Ramasubramanian S, et al. Exploring Implications of Perceived Media Reinforcement on Third–Person Perceptions[J]. Communication Research, 2008, 35(6):745–769.

③ Brubaker P J . Do you see what i see? An examination of hostile media perceptions online.[D]. The Pennsylvania State University. 2012.

④ Gunther A C, Liebhart J L. Broad Reach or Biased Source? Decomposing the Hostile Media Effect[J]. Journal of Communication, 2006, 56(3):449－466.

中发现，不同立场的双方都认为媒介具有偏见，但是又认为中立的第三方会支持自己一方。[①]对于这一现象，可以用投射理论（projection Theory）进行解释，人们将自己的感情、意志、特性投射到他人身上并强加于人，认为中立者在接触到大众媒介内容后，并不受媒介内容的影响，从而支持自己的一方。

在 Gunther 和 Chia 关于灵长类动物实验的研究中发现，虽然在不同立场的两派当中都出现了媒介劝服推定和个人观点的投射，但是后者的优势被前者抵消。[②]

这种基于第三人效果的他人意见的推断，是敌意媒体效果对意见感知与舆论形成研究的关键部分，同时，第三人效果研究本身也是对敌意媒体效果影响的进一步解释和说明。[③]

美国学者 Davison 在 1983 年提出第三人效果假说，该假说包括感知和行为两部分相关假说。[④]感知假说认为，人们一般乐观地评价媒介对自己造成的负面影响，认为其小于媒介对他人造成的负面影响。作为第三人效果感知的行为结果，该假说认为：为免遭他人受到媒介内容的影响而导致自己的权利受到损害，人们可能会采取一些行动来避免这种负面影响。人们有时会选择对媒介内容有所管制或限制，以防止媒介内容对他人造成的负面影响反过来对自己和更多的社会成员带来不利。[⑤]

自该效果假说提出以来三十年间，研究成果丰硕，绝大部分研究印证

① Christen, C. T., Kannaovakun, P., & Gunther, A. C. Hostile media perceptions: Partisan assessments of press and public during the 1997 united parcel service strike. Political Communication, 2002, 19(4), 423–436.

② Gunther A C, S Chih-Yun Chia. Predicting Pluralistic Ignorance: The Hostile Media Perception and its Consequences[J]. Journalism & Mass Communication Quarterly, 2001, 78(4):688–701.

③ Tsfati Y, Cohen J. Democratic Consequences of Hostile Media Perceptions: The Case of Gaza Settlers[J]. International Journal of Press/politics, 2005, 10(4):28–51.

④ Davidson W P. The third person effect in communication. Public Opinion Quarterly, 1983, 47, 1–15.

⑤ Mcleod D M, Detenber B H, Eveland W P. Behind the Third-Person Effect: Differentiating Perceptual Processes for Self and Other[J]. Journal of Communication, 2001, 51(4):678–695.

了该假说。第三人效果为传播学研究提供了一个崭新的视角，使效果研究不再从以往媒介和媒介内容对受众的影响出发，而是从受众对媒介效果的看法出发，关注了大众传播过程中的心理过程。林素真曾指出，与第三人效果的研究相关的理论不仅包括自利偏差（self-serving bias）、基本归因错误（fundamental attribution error）、乐观偏差（optimistic bias）、社会距离（social distance），也包括敌意媒体现象（hostile media phenomenon）。[①]

同时，第三人效果进一步解释了"沉默的螺旋"的形成过程。按照第三人假说，当受众从大众媒介察觉某一议题的意见气候时，许多人或许不认为媒介内容会对自己产生多大影响，但却会认为媒介所呈现出来的意见气候会影响到其他人。因此，当公众认为自己的观点和媒介中公开的主流观点相近或相似的话，就会乐于表达自己的想法，而如果自己的观点与媒介中的主流观点不同，则会因为担心被孤立而沉默下去。第三人效果建立在普通受众对传播效果的判断之上。[②]而与第三人效果相似的是，敌意媒体效果也是建立在普通受众对媒介内容感知判断之上，但二者也有明显区分：第三人效果产生的直接来源是媒介内容，而敌意媒体效果的判断则基于受众对媒介偏见的感知，其基础是受众的媒介偏见。

在敌意媒体感知研究中，第三人效果也得到证明：作为一个间接的效果，人们对媒介信息带给他人的负面影响进行推测，并根据这种感知和推测做出行动反应。人们在评价媒介影响时更倾向于过分估计媒介对与自己观点不同的人的影响，[③]这种第三人效果的影响在新闻、娱乐节目、广告和政治传播中都出现过。[④]但需要注意的是：与第三人效果不同，第三人效果产生的源头是

---

① 林素真.第三人效果：社会向下比较过程的自利偏差 [J]. 新闻学研究 . 2013，7：1-46.

② 刘海龙.大众传播理论：范式与流派 [M]. 中国人民大学出版社，2008.

③ Cohen J, Mutz D, Price V, et al. Perceived Impact of Defamation: An Experiment on Third-Person Effects[J]. Public Opinion Quarterly, 1988, 52(2):161-173.

④ Reid S A. A Self-Categorization Explanation for the Hostile Media Effect[J]. Journal of Communication, 2012, 62(3): 381-399.

媒介内容，是人们认为的媒体效果直接加诸他人的影响，而敌意媒体感知产生的源头是受众对媒介偏见的感知，是受众感知的"敌意"加诸他者。[①]

那么在转基因议题的报道中，个体对他人意见的感知会出现怎样的结果？基于以上文献梳理，本文提出以下研究问题：

首先，对于感知到媒介的转基因报道具有敌意的受众，如何感知报道对（1）其他所有人，（2）持中立态度的人的影响？

H6：感知到媒介敌意的人认为，媒介转基因议题报道对自己产生的影响都小于媒介对（1）其他所有人，（2）持中立态度的人。

其次，在已有的敌意媒体效果的研究中发现，持有偏见立场的人对持有中立立场的他人的感知也有所不同。其中，部分研究证明，持有偏见立场的人会认为中立者接触了具有倾向的媒介报道后，会站在对方的角度上支持对方；而在另外一些研究中发现，产生了敌意效果的受众会认为中立者接触具有倾向的媒介报道后，会站在自己的一方。

对于转基因议题持有偏向立场的人，如何感知持中立态度的他人在接触转基因新闻后的态度变化？具体而言，对转基因议题持中立态度的人在接触转基因报道后会站在哪一方？基于以上分析，本文提出研究假设：

H7：具有敌意媒体感知的受众都认为，对转基因持中立态度的受众在接触具有偏见的转基因新闻后，会站在对方一边。

五、敌意媒体效果与政治效能感

（一）政治效能感

20世纪50年代，随着美国社会经济的发展，普通民众对政治参与的兴趣与要求增多，希望能够扩大自己的政治权利。加之与20世纪30年代大危

---

① 周树华，闫岩．敌意媒体理论：媒介偏见的主观感知研究 [J].传播与社会学刊，2012，22：187–212.

机一样的类似情景隐约显现，也让统治者开始回应公众参与政治的要求。普通民众的要求与统治阶级的回应互动是政治效能感（sense of political efficacy）研究兴起的社会背景。

1954 年，安格斯·坎贝尔（Angus Campbell）通过对比 1948 年和 1952 年两次美国总统大选当中的公众投票行为，从与以往不同的公众视角出发进行研究，提出了"政治效能感"（political efficacy）这一概念。自此，政治效能感逐渐成为公众的政治活动参与研究过程当中一个非常重要的课题与领域。通过几十年间的不断实践丰富，政治效能感从内涵到外延都得到了扩展与更新。同时，研究者通过实证研究，对政治效能感的测量也进行了不断修正，使政治效能感对公众的政治活动参与行为有所了解与预测，因此对社会治理领域也有一定的积极贡献。

不同研究者对于政治效能感的定义不同。坎贝尔将其定义为"个别政治行动对政治过程能够有影响的感觉，是值得个体去实践公民责任的感觉。公民感受到政治与社会改变是可能的，并且在这种改变中有扮演一定角色的感觉"。[1] 从坎贝尔的定义来看，政治效能感是一种公众的感知。

对于此，也有学者持不同的观点，阿尔蒙德认为政治效能是一种"能力"，即公众认为自己有影响政治事务决策的能力。[2] 在后期，政治效能感被分为内在政治效能感和外在政治效能感两种，内在政治效能感是认为自己是否具有参与政治事务的能力的感知，外在政治效能感则是认为政府是否会在意个人的感知，是公众评价政治系统对民众反应的感知。

总体来讲，公众的政治效能感指的是公众对自己能够影响政治的意愿与能力的综合。首先，它与敌意媒体效果一样，不是一种客观的呈现，而是公

---

① Campbell A, Gurin G, Miller W E. The Voter Decides[J]. American Sociological Review, 1954, 19(6).

② 加布里埃尔·A. 阿尔蒙德，西德尼·维巴. 公民文化：五个国家的政治态度和民主制度[M]. 东方出版社，2008，204.

众的个人感知，注重的是公众的态度和心理认知，是一种主观的判断；其次，政治效能感针对政府、官员、政策等组成的政治系统；第三，完整的政治效能感包括两个方面，即公众认为自己所具有的能力和公众认为政府对公众的回应，内在和外在两种构成了完整的政治效能感。

从态度—行为理论出发，政治效能感与个人的政治参与行为紧密联系。公众的政治态度是其政治行为的预测基础，一般认为公众的政治效能感与公众的政治参与行为正相关，即政治效能感高的公众，其政治参与行为较多，而政治效能感低的公众，其政治参与行为也较少。艾英格研究发现，越是政治"赢家"就越具有政治效能感，越是政治"失败者"，其政治效能感越低。[①]

史蒂芬·克雷格针对公众的内在政治效能感和外在政治效能感，对个人政治参与行为的影响进行了研究，研究发现公众的内在政治效能感和外在政治效能感对公众的政治参与行为的影响差别较大，特别是内在政治效能感对传统的政治活动的影响更大。[②]

虽然政治效能感研究起源于西方政治研究，而我国与西方的政治体制以及发展路径都有较大差异，但是作为公众对政治事务的态度与参与行为方面的研究，政治效能感也有一定的借鉴意义。加之可以与中国的实际国情相结合，对公众的公共事务参与有较新的启发。因为，政治效能感围绕的是公众个人的政治信念与参与行为。虽然我国与西方的体制不同，但是我国的政治体制体现的是"人民当家做主"的理念，政治效能感与之并不矛盾。

在本研究中，公众对转基因等科学议题的参与体现的是我国民众在社会主义民主制度下的权利落实，即公众的知情权、话语权、参与权和监督权的

---

① Iyengar S. Trust, Efficacy and Political Reality: A Longitudinal Analysis of Indian High School Students[J]. Comparative Politics, 1980, 13(1):37–51.

② Craig S C, Maggiotto M A. Measuring Political Efficacy[J]. Political Methodology, 1982, 8(3): 85–109.

落实。公众通过媒介了解转基因及其政策是公众知情权的体现，公众对转基因议题的意见表达是公众话语权和参与权的体现，公众关注政府对转基因政策的制定，是公众监督权的体现。从这个意义上来说，公众的政治效能感也是我国公民精神的体现。

（二）敌意媒体效果对政治效能感的影响

就目前研究而言，国内学术界对受众的政治效能感与新闻使用、意见表达之间的研究也逐渐增多。潘忠党考察了在互联网使用与公民的意见表达参与在地域之间的差异与普遍性，认为对政治更感兴趣的受访者呈现出了更多的公民参与，受众的内在政治效能感与外在的政治效能感都与公众意见表达的频率显著相关。[①]

周葆华通过对厦门 PX 事件的研究发现，受众的媒介使用和政治参与只对受众的内在政治效能产生了显著的独立影响，而对外部效能并没有产生显著的影响。[②]

在敌意媒体效果的研究当中发现，敌意感知对受众的外部政治效能有影响，而这种感知与受众的外部政治效能基本呈负相关。因为敌意感知降低了受众对媒介的信任。

在西方，受众认为媒体是民主信任的基石，所以对媒介产生的不信任感会降低受众对政府的信任。Lauren Feldman 等人将政治效能的研究纳入敌意媒体效果当中，分析敌意媒体效果与受众的政治效能感之间的关系。研究发现，敌意媒体效果不仅促进了受众的行动式参与，同时也导致了受众的外在政治

---

① 潘忠党. 互联网使用和公民参与：地域和群体之间的差异以及其中的普遍性 [J]. 新闻大学，2012，6：42–53.

② 周葆华. 突发公共事件中的媒体接触、公众参与政治效能——以"厦门 PX 事件"为例的经验研究 [J]. 开放时代，2011，5：123–140.

效能感的降低。[①]

就转基因议题而言，该议题不仅是单纯的科学问题，而是与其他社会性问题一样，掺杂了历史、国际关系等诸多话题的社会问题。[②]受众认为媒介的立场与政府立场基本一致，媒介对于转基因的观点，往往蕴含着政府在这一问题上的政策。因此，受众对转基因议题的感知与意见参与也与受众的政治效能感等相关。

在本研究中，着重将研究集中于受众的敌意感知与个人的外在政治效能感的研究当中，认为，受众的敌意媒体感知与受众的外在政治效能之间负相关。如果受众的外在政治效能感低，就会使受众认为，自己参与转基因议题相关的活动，也无法改变政策，因此受众趋于用意见表达的方式来引起政府对受众意见的关注，基于以上思考，本文提出研究假设：

H8：媒介敌意感知与受众的外在政治效能之间负相关，媒介敌意感知指数高的受众，其外在政治效能感低。

六、意见表达

近年来，受众的意见表达行为逐渐成为舆论研究和舆情研判的重要研究领域，尤其随着互联网技术的便利与广泛应用，对公众意见表达的研究方兴未艾。意见表达相关的调查在一定程度上反映了公众意见表达的行为，为舆论形成等研究提供了有用的数据材料，而对于意见表达的理论探讨，也日益受到重视。

公众在社会当中的意见表达是否充分、理性、有效是衡量民主的重要标

---

① Feldman L, Hart P S, Leiserowitz A, et al. Do Hostile Media Perceptions Lead to Action? The Role of Hostile Media Perceptions, Political Efficacy, and Ideology in Predicting Climate Change Activism[J]. Communication Research, 2015, 1: 1–26。

② 陈刚 . "不确定性"的沟通："转基因论争"传播的议题竞争、话语秩序与媒介的知识再生产 [J]. 新闻与传播研究，2014，021（007）：17–34.

准。廖圣清通过对意见表达影响因素的考察，认为应该将公众意见表达的影响因素的研究与公众意见表达机制的分析联系起来思考。[①]而过去对于公众意见表达研究的一些经典的理论，对我国公众的意见表达研究也有一定启发。在原有研究的基础之上，对公众意见表达的影响因素的分析应该聚焦于三个维度中，一是公众意见表达的动因，二是有关议题的特征，三是公众个体的特征。

敌意媒体效果影响下的意见表达探讨而言，一是集中于敌意媒体效果影响下的公众意见表达动机与表达目的，二是集中于敌意媒体效果对意见表达的间接影响，三是聚焦于个体在敌意媒体效果影响下的表达渠道和空间。对于意见表达的考察，则是基于前文对敌意媒体效果和敌意媒体效果影响的检测，并在此基础上主要思考和回答以下研究问题：

研究问题一：受众在过去就转基因议题的意见表达频率如何？不同立场的受众在相同议题的表达频率上是否存在差异？

研究问题二：受众是否因为敌意媒体效果的出现而提高了意见表达的意愿？

研究问题三：敌意媒体效果影响下的受众意见表达集中哪些渠道和空间？

就我国受众意见表达而言，我国公众的互联网表达分为三个阶段：1995～1997 年为网络信息传播的酝酿阶段与起始阶段；1998～2002 年为网络上公众使用舆论力量的初始显现阶段，在这阶段，我国网络媒介的使用者大量增加，网络当中的舆论产生了一定的社会影响力，使部分在传统媒介当中不被注意的信息得到关注，并引发了强烈的讨论与舆论压力，进而影响到现实当中事件的发展与转向；2003～2004 年，网络当中的公众意见表达又走向高点和新的格局。[②]到目前为止，随着社会化媒体的发展，参与媒介信息生产对

① 廖圣清. 上海市民的意见表达及其影响因素研究 [J]. 新闻大学，2010，2：41-49.
② 陈红梅. 网络传播与公众表达 [D]. 复旦大学，2005.

公众来说已不再是陌生的事务，网络当中，公众的意见表达更是呈现多元化、多媒体、多平台的趋势。

与媒介技术条件发展相对应，在传统媒体时代，公众的知情权、表达权、监督权和参与权，在现实社会中的落实和履行往往因一些主、客观因素而受到限制。而新媒介技术的发展，尤其是社会化媒体的发展，使受众通过网络技术形成线上表达与线下参与之间的互动与互补，进而使公众将现实生活与媒介技术联系在一起，一方面改变了公众以往的集结和互动方式，一方面又促进了公众的表达与参与。新的媒介技术革命带来的最大的变化，就是极大地降低了普通大众参与表达的门槛。受众改变了原来单纯作为媒介内容消费者的身份，转而参与其中，成为媒介内容的创造者。意见表达主体多元化的出现，更使得意见表达渠道的多元化、意见多元化和空间的多元化。

值得注意的是，尽管公众意见表达的平台与技术都得到了延展，但研究发现，在过去，中国公民整体的意见表达与政治参与并不活跃，只有在个人遭遇到与自身利益切实相关的实际问题时，公众参与的可能性才会上升。[①] 公众的意见表达不仅与个人的媒体的使用状况相关，也受到基于"资源模式"的个人基本背景、社会网络与社会交往的影响，还受到基于受众个人"心理模式"的个体感知的影响。一般而言：个人社会经济地位的高低、对问题严重性的认识、个人的政治效能感的强弱、社会交往的活跃度以及媒介使用行为，都对个人的表达意愿有影响。

一方面，正如麦克卢汉所言，新媒体极大地延伸了人体，扩大了人们视野和范围，在空间维度和时间维度都受到极大拓展。另一方面，受众意见表达也面临着渠道多元化、主体多元化、内容多元化之外的泛化、碎片化和低质化的困境。意见表达的无序化不仅会对正在发生的事件产生负面影响，有时

---

① Chan J M, Zhou Baohua. Expressive behaviors across discursive spaces and issue types[J]. Asian Journal of Communication, 2011, 21(2) :150–166.

还可能激化矛盾，造成持续的社会影响当意见表达的"井喷"和"极化"现象。

就以往研究而言，对于意见表达研究的概念与理论研究较多，实证研究较少，另外，从研究方法而言，测量公众的意见表达是所有相关研究将面临的首要问题。其次，从研究议题而言，虽然在相关意见表达的研究中，很大一部分都是基于社会冲突性议题的个案研究，但个案选择大多集中围绕于"媒介使用"（media use）和"政治参与"（political participation）范畴，对于科学议题关照较少。

在敌意媒体效果的研究中，前期的研究都曾涉及公众的社会事务参与和意见表达式的参与方式，因为舆论研究是传播学实证研究当中的重要阵地。本书则认为，在敌意媒体效果的研究中，受众会因敌意媒体效果而产生情绪方面、政治效能感方面的变化，而这些变化与受众的意见表达紧密相连，受众会因受到"媒介愤慨"等情绪而产生对应行为，目的在于"纠正"媒介报道存在的不公正；另外，政治效能感又与受众的意见表达行为紧密相连。因此，对于敌意媒体效果的研究，最终也指向受众对于转基因议题的意见表达式参与行为。即受众在敌意媒体效果影响下的意见感知、产生的情绪和政治效能感对于其意见表达有什么样的影响？其表达意愿和表达渠道具有怎样的特点？

（一）敌意感知与意见表达

在过去的相关研究中，研究者注意到敌意媒体效果会增加意见表达的意愿趋势。前文梳理了议题立场和敌意媒体效果之间的关系，但我们的最终目的是要考察敌意媒体效果对其转基因议题意见表达产生的影响，即不同程度的敌意感知是否会对意见表达趋势和意见表达行为造成不同影响？

就敌意媒体效果研究而言，敌意媒体效果与受众的意见表达行为相联系，受众为了纠正其感知到的媒介偏见而进行努力，从而使人际间的表达行为增多。① 人们在接触到媒介信息后，更加倾向于支持先前所有的信念，这种机制也被描述为偏见同化（biased assimilation），甚至这种偏见同化也可能影响到公众意见的形成。② 此外，为了阻止由媒介内容引发的潜在的媒介效果的产生，人们会采取反应式的行为，以保证自己的观点被别人听到，从而抵消他们感知到的媒介效果。这种受众的纠正行为和政治行为是一种基于媒介和媒介内容感知的反应性行为。从意见表达的纠正意愿出发，敌意媒体感知又和公共舆论的极化（Polarization）紧密相关，可以说敌意媒体效果直接或间接地影响意见气候的改变。③

Rojas 对线上和线下政治行为进行研究，通过对受众人口学变量、政治兴趣、政治效能感和政治知识以及意识形态、网络使用等控制变量的考察，分析出媒介敌意感知对"纠正"行为（corrective actions）的影响。④ 研究表明，首先是人们会因为他们是谁而参与议题，因为人们的教育水平、收入、社会身份决定了他是谁；其次，人们可能从意见表达参与中获得的好处，其通过参与行为获得的要比付出的相对少；第三，从社会行动的观点出发，人们可能通过被他人动员而参与意见表达。通过敌意媒体感知和第三人感知，受众会通过从线上或线下的行为来"纠正"公共领域（public sphere）潜在的偏见。由于意见表达、纠正行为和敌意媒体感知的紧密联系，加上人们所配备的简单易用的网络发布工具，以及不间断连接和日益强大的移动设备，人

① Hwang H, an Z, Sun Y. Influence of Hostile Media Perception on Willingness to Engage in Discursive Activities: An Examination of Mediating Role of Media Indignation[J]. Media Psychology, 2008, 11(1): 76–97.

② Lord C G, Ross L, Lepper M. Biased assimilation and attitude polarization: The effects of prior theories on subsequently considered evidence[J]. Journal of Personality and Social Psychology, 1979, 37, 2098–2109.

③ Hart P S, et al. Extending the Impacts of Hostile Media Perceptions: Influences on Discussion and Opinion Polarization in the Context of Climate Change[J]. Science Communication, 2015, 37(4): 506–532.

④ Rojas H. "Corrective" Actions in the Public Sphere: How Perceptions of Media and Media Effects Shape Online Behaviors[J]. International Journal of Public Opinion Research, 2010, 22(3): 343–363.

们可以积极参与到创造和传播新闻和信息中。受众通过自己的行为纠正媒介偏见，通过网络传播、组织传播，从而平衡具有敌意的媒介内容对其他人带来的影响。[①] 因此，本文提出研究假设：

H9：敌意媒体效果与意见表达意愿正相关，受众对媒介偏见的感知越强烈，意见表达意愿越强烈。

（二）意见感知与意见表达

1974 年，德国政治学家伊丽莎白·诺尔－诺依曼（Elisabeth Noelle-Neumann）提出了"沉默的螺旋"理论，该理论的主要观点是：人们基于对孤立的恐惧，避免在公开场合表达可能会使自己陷入孤立境地的想法，公众通过准感官统计后的谈论和沉默决定了意见气候。这个理论有四条独立的假设：第一，社会向有偏离的个体施加孤立的压力；第二，个体能感受到被孤立的恐惧；第三，个体出于对孤立的恐惧而不断地评估意见气候；第四，估计的结果影响到个体的行为，尤其是公共场合下的行为，使个体在公共场合隐藏了他们的真实观点[②]。

以沉默的螺旋研究为例，对于个体意见表达的研究与测量，以公众在不同假设情形当中是否进行意见表达来分析，提出了自我审查的概念，并以此来解释受众意见表达的心理活动与影响。虽然，过去的研究都已经证明意见表达研究当中自我审查的存在，但是敌意媒体效果则对受众的意见感知有了进一步的探究：如果持有不同意见立场的人产生了敌意感知，那么，他们对媒介内容和立场的感知也会进而影响到自己的意见表达意愿与行为。因此，基于敌意感知的自我审查，提醒我们要从受众的媒介认知和受众的动机角度

---

① Barnidge M, Rojas H. Hostile Media Perceptions, Presumed Media Influence, and Political Talk: Expanding the Corrective Action Hypothesis[J]. International Journal of Public Opinion Research, 2014, 26(2): 135–156.

② 伊丽莎白·诺尔－诺依曼著. 董璐译. 沉默的螺旋：舆论——我们的社会皮肤 [M]. 北京：北京大学出版社，2013，216.

去考虑其意见表达。

"沉默的螺旋"在诸多舆论意见的表达研究中得到了印证。Carroll J. Glynn
等研究者从生活在加拿大六个国家公园附近的人收集数据测量，数据支持了
"沉默的螺旋"的主要概念，结果显示人们在表达自己的意见时，在他们所属
的群体内能够舒适地表达自己的意见和看法，而在陌生的环境中，由于害怕
遭受他人批评而不太乐于去表达自己的真实想法。①

意见气候的感知不仅在受众态度的形成中起到关键作用，也在受众能动
的表达意见方面具有重要作用。感知意见气候时，如果受众认为他人强大的
意见倾向与意见环境不利于自己的立场时（即受众感受到对自己不利的意见
气候时），受众倾向于保持"沉默"，这也是"沉默的螺旋"的关键假设。因此，
受众在感知意见气候时，感知媒介的"敌意"以及他人在这敌意之下形成的
意见气候，都与如何表达自己的意见密切相关。

对于我国而言，除了针对敌意媒体效果出现对意见表达的影响需要探索之
外，对于这种影响之下的意见表达的渠道空间倾向与渠道也需要进一步分析。

首先，从意见表达的渠道来分析，我国公众参与意见表达的渠道主要有：
工作单位、政府机构、大众媒介以及个人关系网等。②伴随着网络技术的不断
发展和移动终端的不断普及，网络成为公众意见表达的新的重要渠道，为意
见表达加入了新的元素。③新闻评论留言板，博客、微博、微信、短视频平台
等移动媒体平台因为可以承载信息进行长距离传播，因而成为具有一定影响
力的公众意见的表达渠道，受众表达的渠道显现出多元交叉的特点。

在过去立足中国社会的具体场景的研究中，表达空间基本分为三类，即
非正式的私人空间、新媒体空间以及正式的机构性空间，这三类空间区别于

① Glynn C J, Park E. Reference group, opinion intensity, and public opinion expression[J].
International Journal of Public Opinion Research, 1997, 9(3): 213–23.

② 王润泽，丁学梅. 互联网：民意表达新通道 [J]. 国际新闻界，2004，4：49–53.

③ 张燕. Web2.0 时代的网络民意表达 [J]. 新闻界，2009，4：48–50.

空间的私下 / 公开与否。① 本文从意见表达渠道所处的空间出发，将公众的表达空间分为，以个人关系网络为基础的非正式的私人空间，以重叠了私人空间和公共网络传播技术的混合空间，以及以正式性的机构空间为主的公共空间，认为受众借助不同的渠道，使意见表达发生于不同的空间。

对具有争议性的转基因议题的意见表达，因为其重要性而承载着社会参与、政治参与等诸多意义和功能。因此，对于转基因话题的讨论与意见表达式参与，不仅仅代表着就科学议题发表个人观点，而是意味着个人对具有争议的社会性公共事务发表个人看法与观点。因此，本文认为，受众在个人意见表达之前，会通过对意见气候的感知，分辨出适宜表达的环境和途径，这是人们参与意见表达的重要前提。

在 Hayes 等人的研究中，对意见气候感知下的表达行为做了相关研究，先提出用"乐意的自我审查尺度"（the willingness to self-censor scale）来了解"自我审查"（self-censorship），研究发现越对自己严格审查的人越不愿意表达自己的意见。② 在后期，Hayes 等人扩展了研究，将参与表达的气氛区分为两个不同环境，即敌对的意见气候条件和友好的意见气候条件，研究结果显示，人们在感受到与自己意见不同的意见气候时，比在同样意见气候的环境中更难表达个人的意见。③ 该研究可以解释，人们在敌意的意见气候环境中更难表达个人意见。

可以说，对他人态度和意见的感知对个体的意见表达具有重要影响。如果受众出现敌意媒体效果，则可能会认为媒介站在不利于自己的倾向性角度

① 周葆华 . 新媒体与中国新生代农民工的意见表达——以上海为例的实证研究 [J]. 当代传播，2013，（2）：41-44.

② Hayes A F, Glynn C J, Shanahan J. Willingness to Self-Censor: A Construct and Measurement Tool for Public Opinion Research[J]. International Journal of Public Opinion Research, 2005, 17(3): 298-323.

③ Hayes A F, Glynn C J, Shanahan J. Validating the Willingness to Self-Censor Scale: Individual Differences in the Effect of the Climate of Opinion on Opinion Expression[J]. International Journal of Public Opinion Research, 2005, 17(4): 443-455.

上，偏向地报道了议题，这种偏向恰恰与自己的观点立场相抵触，因此可能会解读并勾勒出意见表达的不利环境。受众对他人，尤其中立者的态度进行感知推论，推断媒介偏向报道对他人的影响，并以这种影响推断为基础，进行意见表达。

基于以上的梳理，基于受众的意见感知与表达环境的判断，本文提出以下假设：

H10：受众在公共空间的表达意愿低于受众在私人空间的表达意愿。

（三）政治效能感与意见表达

在前文中已经梳理，"政治效能感"是个人对政治态度和政治信仰的一种内在体现，它可能影响到个人的政治活动参与，因而被用来预测公众对政治活动参与研究，是政治研究领域的重要组成部分。

对于意见表达与政治效能感之间的关系，已有研究显示，个人的内在效能影响意见表达。潘忠党考察了在互联网使用与公民的意见表达参与在地域之间的差异与普遍性，认为对政治更感兴趣的受访者呈现出了更多的公民参与，受众的内在政治效能感与外在的政治效能感都与公众意见表达的频率显著相关。①

在受众的行为层面，Lauren Feldman 等研究者发现，受众的行动受到受众的内在政治效能的制约。② 目前，较多研究关注了受众的外在政治效能与政治活动参与之间的关系，认为受众的外在政治效能与受众的政治活动参与正相关，其外在政治效能影响了受众对于政治活动参与度。本文无意于考察受众的外在政治效能与活动参与之间的关系，而是将关注点放在了受众的外在政

① 潘忠党. 互联网使用和公民参与：地域和群体之间的差异以及其中的普遍性 [J]. 新闻大学，2012，6：42–53.

② Feldman L, Hart P S, Leiserowitz A, et al. Do Hostile Media Perceptions Lead to Action? The Role of Hostile Media Perceptions, Political Efficacy, and Ideology in Predicting Climate Change Activism[J]. Communication Research. 2015, 1: 1–26.

治效能感与意见表达的关系上。

本文认为，如果受众认为媒介具有偏见的立场，且受众的感知与其外在政治效能相关的情况下，受众对于公共事务的参与度会下降，但是由于受众参与的方式不同，其对议题的其他行动式参与的下降可能由意见表达等其他行为代替。因此，本文认为，如果外在效能感下降，可能会导致受众对转基因议题的讨论与话题讨论增多，从而能够引起政府、媒体和他人的关注。

因此，本文提出研究假设：

H11：受众的外在政治效能感与受众的意见表达意愿负相关。

基于以上研究梳理，本文对于受众的敌意媒体效果研究的假设目的在于集中解决以下问题：

受众对转基因新闻的感知是否出现了敌意媒体效果？

受众产生的敌意媒体效果与什么相关？

敌意媒体效果对受众的情绪、意见感知与外在政治效能产生了怎样的影响？

这些影响能否预测受众的意见表达行为？

希望通过量化数据分析和深度访谈的质性材料，使这些问题得到一一解释。通过分析敌意媒体感知可能引发的情绪（尤其是负面情绪）、敌意媒体感知对受众政治效能感的影响，以及对受众意见感知的影响三个方向，探索性分析敌意媒体效果对受众的意见表达行为可能产生的影响：敌意媒体效果会导致受众会产生怎样的情绪？这些情绪会促使受众怎样表达自己的意见？产生敌意媒体效果后，会对周围意见产生怎样的感知，如何评价意见气候？在推断他人的意见之后，具有敌意感知的个体会采取什么相应的行动？以及敌意媒体效果会提高还是降低政治效能感？这种政治效能感是促进了受众的意见表达还是阻碍了受众的意见表达？

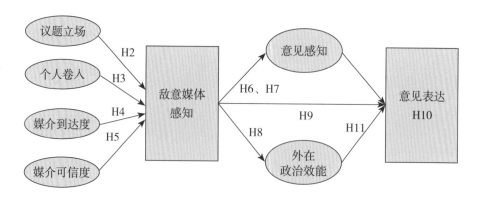

图 2.3　研究假设与研究路径

七、敌意媒体效果研究总结

纵观媒介敌意效果研究，这种受众的媒介偏见感知在政治事件、科技领域、经济议题、社会问题和宗教对立问题等多个领域都得到了印证。在科学传播相关的议题中，转基因食品、骨髓干细胞研究和气候传播相关议题成为其主流研究议题，并逐渐向不同跨媒介介质、跨文化领域发展。具体研究议题、方法与发表期刊如表 2.1 所示：

表 2.1　敌意媒体效果研究统计

作者（年份）	议题	研究方法	样本大小	内容／变量	发表期刊
Vallone et al.（1985）	贝鲁特大屠杀	实验法	144	偏见感知，知识自我评价，卷入程度	Journal of Personality and Social Psychology
Richard M.Perloff（1989）	黎巴嫩战争	实验法	99	自我卷入，第三人效果	Communication Research
Gunther（1992）	媒介	问卷调查	985	群组卷入，媒介可信度	Public Opinion Quarterly
Gunther（1998）	生物技术，学生贷款	实验法	128	媒介劝服推定	Communication Research

续表

作者（年份）	议题	研究方法	样本大小	内容 / 变量	发表期刊
Gunther、Christen（1999）	生物技术，学生贷款	实验法	131	媒介劝服推定，第三人效果	Journalism & Mass Communication Quarterly
Gunther et al.（2001）	动物实验	实验法	263	相对敌意感知	Public Opinion Quarterly
Gunther、Chia（2001）	动物实验	问卷法	402	心理投射，敌意感知，媒介劝服推定	Journalism & Mass Communication Quarterly
Matheson Dursun（2001）	萨拉热窝爆炸	实验法	90	群体身份与敌意感知	Group Processes & Intergroup Relations
Gunther、Christen（2002）	氡气危害，外星人，安乐死，转基因食品	问卷法	760	第三人效果，心理投射，媒介劝服推定	Journal of Communication
Arpan、Raney（2003）	体育	实验法	203	新闻源影响	Journalism & Mass Communication Quarterly
Schmitt et al.（2004）	转基因食品	实验法	150	敌意媒体效果的认知机制	Communication Research
Gunther、Liebhar（2006）	转基因食品	实验法	413	新闻源，媒介到达度	Journal of Communication
Choi et al.（2006）	伊拉克战争	网络调查	481	媒介可信感知	Journal of Computer-Mediated Communication
Ariyanto et al.（2007）	宗教冲突	实验法	262	群际关系，社会身份	Group Processes & Intergroup Relations
Tsfati（2007）	少数族裔	问卷调查	251	敌意媒体效果影响，社会疏离感	Journal of Communication
Christen、Huberty（2007）	环境政策	问卷调查	69	媒介到达度	Journalism & Mass Communication Quarterly
Chia et al.（2007）	赌场威胁	问卷调查	109	政府新闻控制	International Journal of Public Opinion Research

续表

作者（年份）	议题	研究方法	样本大小	内容/变量	发表期刊
Kevin Coe et al.（2008）	北约峰会，伊拉克选举	问卷调查 实验法	969 360	有线电视新闻的选择和感知	Journal of Communication
Hwang et al.（2008）	干细胞研究，布什国内监视计划，社会保障改革	问卷调查	696	媒介愤慨，敌对媒体感知（HMP）及其行为意愿方面的后果	Media Psychology
William Kinnally（2008）	神创论教育，大学作弊	问卷调查	254 344	心理抵触理论解释敌意媒体效果	博士论文
Gunther et al.（2009）	转基因食品	实验法	152	卷入程度，到达度，同化/对比	Communication Research
Choi et al.（2009）	废除安保法	问卷调查	185	价值卷入，结果卷入，感知媒介影响	Communication Research
Michael Huge、Carroll J. Glynn（2010）	州长竞选	问卷调查	372	敌意媒体感知，舆论感知	Journal of Communication
Christen et al.（2010）	罢工	问卷法	189	卷入程度，舆论感知	Political Communication
Arpan、Nabi（2011）	大学作弊	实验法	293	情绪反应	Journalism & Mass Communication Quarterly
Hyun Jee Oh et al.（2011）	总统选举	调查数据分析①	2000–2007	政党身份，敌意媒体感知	Journalism & Mass Communication Quarterly
Choi et al.（2011）	废除安保法	问卷法	102	卷入程度，卷入类型，宣传行为	Journalism & Mass Communication Quarterly
Houston et al.（2011）	伊拉克议题，能源议题，学生贷款	实验法	227	新闻来源的敌意媒体感知，第三人效果	Electronic News

① 文章分析数据来自 The Pew Research Center，共 7 年调查数据，每年样本量不同。

续表

作者（年份）	议题	研究方法	样本大小	内容／变量	发表期刊
G.J. Hansen、Hyunjung Kim（2011）	敌意媒体效果研究	元分析	34	敌意媒体效果相关分析	Communication Research Reports
Scott Wilson Dunn（2011）	堕胎，经济	实验法	167	对意识形态媒体和客观媒体的感知	博士论文
Arpan et al.（2011）	政治	问卷调查	614	娱乐节目偏见感知	Electronic News
KyunSoo Kim（2011）	气候变化	问卷调查，实验法	138	敌意媒体感知科学新闻信任	Public Understanding of Science
JörgMatthes（2011）	移民避难经济议题征税改革	问卷调查	500，1096，1251，1001	认知卷入，情感卷入	Communication Research
Ran Wei et al.（2011）	总统选举	问卷调查	541	第三人效果感知，投票人态度	International Journal of Public Opinion Research
Scott A. Reid（2012）	政治身份，投票选举，政治攻击	实验法（3议题）	134，213，133	自我归类	Journal of Communication
Brubaker（2012）	同性婚姻	实验法	760	新闻源（博客、新闻网站）对HME的影响	The Pennsylvania State University 博士论文
Vraga et al.（2012）	生物燃料	实验法	83	媒介素养对HME的调节	Journalism
Gunther et al.（2012）	疫苗接种	问卷调查实验法	175	媒介到达度，敌意媒体感知	Communication Research
Eun-Ju Lee（2012）	禁止体罚	实验法	240	用户评论对受舆论推断的影响，自我卷入	Journal of Computer-Mediated Communication
Chia（2013）	新闻偏见	问卷调查	520	专制社会环境意见感知，意见表达	International Journal of Public Opinion Research

续表

作者（年份）	议题	研究方法	样本大小	内容/变量	发表期刊
Barnidge、Hernando Rojas（2014）	同性婚姻	问卷调查	1064	媒介感知影响对政治谈话和意见表达的影响	International Journal of Public Opinion Research
Borahet al.（2015）	政治议题	问卷调查	40	敌意媒体感知对媒介使用和意见表达参与的影响	Journal of Information Technology & Politics
Feldman et al.（2015）	气候变化	问卷调查	983	政治效能，敌意媒体感知的行为后果	Communication Research
P. Sol Hart（2015）	气候变化	问卷调查	989	纠正行为，意见极化	Science Communication
Senja Post（2015）	飞机噪声	问卷调查	101	推测媒介影响	Communication Research
JörgMatthes、Audun Beyer（2015）	移民	问卷调查结构方程建模	3108（3国）	卷入程度，认知卷入	Communication Research
Ceron、Memoli（2015）	公民政策	问卷调查数据分析	欧洲27国数据①	政府信任，公民政策观点	The International Journal of Press/Politics
薛可、梁海、余明阳（2011）	山寨产品	问卷调查	316	敌意媒体效果，社会互动测量	上海交通大学学报（哲学社会科学版）
周树华、阎岩（2012）	研究综述	研究综述	—	研究变量介绍	传播与社会学刊
刘杉、方明豪（2013）	研究综述	研究综述	—	研究变量介绍	文化学刊
管晶晶（2014）	微博追星粉丝	问卷调查	266	价值卷入，印象卷入，粉丝指数	硕士论文（江西师范大学）

① 文章分析数据来自 2007 年欧洲欧罗巴指数调查数据，涵盖欧洲 27 国。

续表

作者（年份）	议题	研究方法	样本大小	内容／变量	发表期刊
王东、刘雪琳（2021）	转基因议题	析因实验	645	偏见同化效应意见领袖	国际新闻界

八、科学传播的受众

（一）我国科学传播研究的总体现状

就本研究内容所选取的研究议题而言，以转基因议题为代表的科学新闻信息的传播逐渐增多，由于科学新闻本身面临着新闻生产规范和科学规范的双重约束，转基因科学新闻的传播也引发了诸多讨论。因此，有必要对我国目前的科学传播总体概况进行梳理：

目前我国国内对于科学传播大致分为以下几个类型，包括：科学传播的概念辨析和模式介绍；科学信息的传播主体研究；科学传播的受众研究；我国科学传播中的新闻报道分析；不同媒介技术背景中的科学传播；科学传播的风险防范与危机处理。

第一，科学传播的概念和模式介绍。通过对科学传播概念的引入、介绍和科学模式的分析，使科学传播概念逐渐清晰。对国外科学传播模式的梳理与反思，是我国科学传播向国外研究前沿看齐的一个路径。[①] 科学传播早期的"缺失模型"认为在科学和社会关系中相关的基本问题中，公众是无知的，或者说公众对科学的理论、事实和过程都不理解。随着媒介素养、科学素养和民主环境的提升，公众对公共事务的参与也不断增多，在此基础上，科学传播也从"缺失模式"逐渐走向"民主参与模式"。作为科学传播起步较晚的国

---

① 李正伟，刘兵．公众理解科学的理论研究：约翰·杜兰特的缺失模型 [J]．科学对社会的影响，2003，3：12-15.

家之一，对于国外科学传播模式和实践内容的引荐也是我国科学传播向前发展不可逾越的一步。如何通过借鉴国外科学传播的发展而使科学传播更适合本国国情，也是科学传播概念引介的意义。

第二，科学传播中的传播主体研究。通过对我国 257 名中科院院士和工程院院士调查研究，指出由于媒介商业化倾向，而导致院士对媒介影响力与公信力的评价有所不同。[①] 另外，通过对"自然之友"等民间 NGO 组织在科学传播中的工作研究，"科学松鼠会"在科学传播中的谣言破除功效的研究等，探索民间兴趣小组在科学传播的力量，寻求提升科学知识普及，加强受众主体性的可能。

第三，科学传播的受众研究。从受众的媒介使用研究，受众的诉求分析指出：受众不再是被动的接受者而是对科学知识和技术有自主化的诉求的群体。作为科学传播的受众，既排斥宏大叙事和艰涩理论，又希望能够用网络媒体就科学知识进行交流与沟通。[②] 作为科学知识普及和科学传播的基础，公众的科学素养逐渐成为科学传播研究当中受众的重要阵地之一。美国国际科学素养发展中心的 Miller 提出并先后修正了科学素养的"三维度模式"，使科学素养调查与研究逐渐走向精细。我国也多次通过全国性的科学素养调查，对公众的科学素养进行把握。随着科学传播研究的深入，科学素养调查也逐渐显露出与本国国情相结合的趋势与细化，各国结合本土文化与特色，将定性与定量的两种研究方法的结合，探索适合自己国情的科学素养评测体系。

第四，科学传播中的新闻报道分析。对涉及健康、环保等复杂科学议题的内容分析是我国目前科学传播研究数量较多的一个研究方向。这些研究希望通过对不同媒介当中的科学相关议题进行对比分析，对转基因议题等生物

---

① 詹正茂，舒志彪. 大众传媒对院士科学传播行为的影响分析 [J]. 华中科技大学学报：社会科学版，2008，22（5）：63–67.

② 黄时进. 论科学传播受众的网络时代特征——基于布尔迪厄场域理论的视角 [J]. 学术界，2008，2：79–83.

议题的媒介报道进行梳理，指出媒体在转基因报道中存在的问题。[①]通过对内容分析的方法、对新闻报道中的框架、归因进行梳理，在不同媒体间进行对比，寻求提高科学传播质量的方法。

第五，媒介技术视角的科学传播。从理论和实践层面来看，互联网等社交媒体的兴起一方面为受众参与科学传播活动提供了便捷的互动途径，另一方面消解权威的社交媒体和缺乏把关审核的传播机制。因此也容易造成产生谣言的环境，又为舆论引导带来了一定压力。科学传播从纸质形态媒体中的科学传播到电子时代的科学传播内容与形式，再到互联网时代的科学传播路径与机制，探讨研究科学传播的主题和模式演进，并寻找受众意识的改变对科学传播的影响，寻求适应于时代和技术发展的科学传播路径。[②]

第六，科学传播的风险防范与危机处理。作为由制度性结构支撑的风险社会，由于一系列特殊的政治、经济和文化因素而具有人为不确定性特征，从而使社会结构和社会关系走向更复杂化、更偶然化的方向。作为具有不确定性的科学技术，其发展带来的短期效益与逐渐凸显的风险使公众对科学本身充满怀疑。因此，科学传播与风险研究相结合，一般着眼于"预警原则"，既寻求降低风险的概率，也探索增加公众对科学知识的信赖。[③]另外，从危机传播的方向来看，将科学传播与危机解决相结合，一方面，危机围绕医疗、科学议题；另一方面又希望通过科学知识能够化解危机，从而取得传播的良好效果。

从研究内容来讲，科学传播在新闻文本内容分析和话语分析、新闻信息接收者为主的受众研究、效果研究和新闻信息传播有关的公共关系研究等领域都有涉猎。但总体而言，经验的研究多于批判研究，逻辑思辨的分析多于

① 薛可，邓元兵，余明阳.一个事件，两种声音：宁波 PX 事件的中英媒介报道研究——以人民网和 BBC 中文网为例 [J].新闻大学，2013，1：32-38.

② 张婷，郑保章，王续琨.电子媒体时代的科学传播 [J].新闻界，3：16-18.

③ 苑举正.2012.科学传播、风险与怀疑论 [J].现代哲学，2007，4：87-92.

实证的研究。作为科学传播研究起步较晚的国家之一，我国科学传播研究依然存在可拓展和深入的研究空间。

（二）科学范式变迁中的受众

就受众研究而言，从传播学的"魔弹论"到"有限效果论"，对受众的认知也逐渐从"被动"走向"主动"，无论是实证的研究，还是批判的思考，受众的主体性、能动性和主观性都得到确认。

对于受众主体性和传播效果而言，大众传播学从两个不同的方向出发，一个方向是基于社会学的角度，将受众看作社会的产物，即将受众放置于社会环境、社会文化当中进行研究，认为受众是信息的接收者，但同时也是作为社会成员的群体或者公众。另一个研究方向基于心理学和社会心理学，认为受众对信息的接收受到其思想、感情、个人习惯以及个人偏见的影响，受到个人内在因素的影响，这些内在又使受众的行为具有选择性。

20 世纪 20 年代初，实证主义研究进入了研究者的视野，经验学派以实证的研究范式运用一系列测量和研究，推进了受众研究的向前发展，其主要特点是首先以行为科学为基础，采用实验法或调查法，并坚持多元的社会观进行研究分析。

1940 年，拉扎斯菲尔德就美国的总统大选进行了实证的调查，在其著作《人民的选择》中，根据调查数据进行了分析与讨论。他认为受众并非不堪一击。对受众而言，媒介的影响力并没有原先"魔弹论"当中的描述一般神奇，在受众当中，受众因为个人的"既有政治倾向"等情况而可能会对信息有所屏蔽，另外"选择性接触"导致了受众可以自主、能动的选择媒介所传递的信息，人际交流当中存在的"意见领袖"也能够发挥其作用而改变受众的选择。《人民的选择》开创了"有限效果论"的先河，证明了受众因既有倾向、选择的自主性以及"意见领袖"的存在而受媒介影响。"有限效果"不是没有效果，它不仅扭转了长期以来的"魔弹论"的认知，还让研究者认识到思考媒介对受众产生的效果时，还要关注诸多个人化的影响因素。如受众对问题所具有的个人倾向、个人的价值观、生活方式、交往群体等，因为这些因素对受众产生的影响往往大于媒介能够产生怎样的影响。

在受众的信息接收和态度改变研究方面，勒温和霍夫兰转向了认知心理学方向，将"认知结构"引入了受众研究当中。他们认为，受众对外在信息接收的内在动力是其认知结构。认知结构是受众作为能动的主体，对外在世界的主观建构，这种建构与受众的知识与经验有关。受众在接收外在信息时，凭借个人原有记忆、知识和思维方式进行加工。霍夫兰通过研究发现，对不同认知结构的受众要进行不同的说理方式，受众态度的改变，是其认知结构与外在信息互动的结果。

无论研究方法改变还是研究目的不同，我们都看到对于受众主体性认识的提高，受众不再是孤立无助无抵抗力的个体，而是具有能动性、抵抗力和思考的主体。在传播活动中，受众作为主体的人，体现了受动性与能动性的辩证统一。在敌意媒体效果的研究中，受众对媒介偏见的评价是受众的认知，受众不再仅仅是被动接受的客体，而且是主动参与传播实践推动发展的主体，受众的能动性在决定传播成效方面具有不可替代的作用。

科学知识的传递方式本身与其他信息的传递一样，随着技术手段和社会环境的变迁而变化，在此过程中，在不同的科学传播范式当中，所适用的模型不同，对受众的认识和针对的传播方式也具有不同的特征。

总体而言，科学传播大致经历了三个范式阶段，即科学素质（传统科普）（scientific literacy）、公众理解科学（public understanding of science）以及公众参与科学（科学传播 / 科学与社会）（public engagement with science and technology）。[①] 三个范式能够概括过去公众对科学的理解过程，在每一个范式中，都定义了公众与科学之间的问题框架、要研究的特定问题，而且后来的

① Bauer M W. Survey research and the public understanding of science. handbook of public communication of science & technology [M]. Routledge, 2008.

范式阶段都比前一个范式阶段有所提升。

在传统科普阶段，受众处于传播过程的下游，被动地接受着来自作为传播者的科学家或者科学共同体的信息，整个传播过程是单向的。与此同时，在这一阶段，公众的个性化特征被模糊，公众被认为是具有高度同质化的群体，认为公众会接收来自传播者的所有信息，而公众的需求不会被考虑在内。

英国伦敦皇家学会在 1985 年发布了《公众理解科学》的报告，这是关注科学与公众之间关系的一个重要转折。杜兰特强调，该报告是为了消除公众对科学的无知。虽然该报告名称看起来用词中立，但是也有批评者认为该报告仍然将公众视为缺少科学知识的被动一方，具有一定居高临下的姿态，受众在"公众理解科学"这一阶段仍然处于一种被动的状态。尽管在《公众理解科学》中强调了通过各种渠道提升公众对科学的认知，改变公众对科学和科学研究者的态度，但在这一阶段，被强调更多的是公众对科学及科学家的"理解"，如果说传统科普阶段是知识的缺失，那么公众理解科学阶段则是态度的缺失。[①]

2000 年英国上院发布《科学与社会》报告，该报告认为，过去所有的科学传播只是从科学共同体到公众的一种单向的、自上而下的传播模式。而《科学与社会》强调当前的科学传播应该聚焦于对话，强调科学家与公众的双向交流与互动。在此模式的指导下，一系列报告开始把焦点放在了公众参与科学上。在这一阶段，既强调受众参与对话，也强调在针对受众的科学传播活动中，与之对应的是，受众因其特质而得到细分也被认识到。

从总体来看，目前我国科学传播的发展，整体上介于传统阶段和公众理解科学之间，而局部和个别问题上已经开始向公众理解科学阶段和公众参与科学阶段过渡。[②]

---

① Bowater L,Yeoman.Science Communication:A Practical Guide for Scientists [M].Wiley-Blackwell, 2013.

② 刘华杰. 整合两大传统：兼谈我们—所理解的科学传播 [J]. 南京社会科学，2002，10：15-20.

　　王大鹏与李颖就不同阶段的受众特征进行了对照细分，指出在传统科普阶段，受众具有被动性和同质性，从传播效果而言，强调的是皮下注射等强效果论；发展到公众参与科学阶段，受众具备了多元性和主体间性，在传播效果中则更多强调个人差异。[①]与之相对应，在强效果论盛行期间，传播研究放大了受众的无知与无力，认为受众对媒介信息无招架之力，对媒体本身也不会存在偏见，而受众的意见表达与公共事务参与在这一阶段更是缺失；在有限效果论阶段，科学传播研究强调公众理解科学议题的重要性，受众的存在逐渐被注意到，公众不仅仅是被动地接收媒介信息，其本身对媒体也有选择，对媒体也存在不同认知。在科学传播的公众参与阶段，个人差异得到关注，公众的意见表达也在多空间维度存在多种渠道。因此，在科学传播的不同范式阶段，具有不同的受众特征与主流的传播效果理论，这几个阶段当中的受众敌意感知与意见表达也各不相同，如表 2.2 所示：

表 2.2　科学传播范式不同阶段的敌意媒体效果与意见表达特征[②]

阶段	模型	受众特征	效果理论	敌意媒体感知	意见表达
传统科普	缺失模型	被动性 同质性	皮下注射 涵化理论	无敌意感知	缺失
公众理解科学	缺失模型	初级分类	议程设置 框架理论	敌意媒体效果相 对敌意媒体效果	初级表达
公众参与科学	对话模型	异质性 多元性 主体间性	个人差异论 使用与满足	敌意媒体效果 影响扩大化	多空间 多渠道 行动化

　　正如在前文中提到，在不同的科学传播模式当中，对于受众主体地位与参与形式不同：传统的缺失模型认为，科学知识由科学共同体单向地传播普及到公众一端，而公众一方则处于较为被动的位置。随着科学技术的发展和社会的进步，公众参与政治活动或生产实践活动都需要具有较高的科学素养，

---

① 王大鹏，李颖. 从科普到公众理解科学及科学传播的转向——以受众特征的变迁为视角 [J]. 新闻记者，2015，9：79-83.

② 根据王大鹏与李颖"科学传播不同阶段的受众特征"改编总结。

公众也需要具备一定的科学素养，来了解科学议题、接受科学知识以及理解科学研究工作。

当然，面对复杂的科学技术的快速发展，科学知识生产面临着学科交叉与更加复杂化的进步。这就使得不仅仅是普通人需要科学知识的学习，就连科学工作研究者也需要参与到科学知识的继续学习当中。公众对科学议题的理解和支持是科学研究发展不可或缺的要素。因此，一方面需要专业化的大众媒介与科学共同体配合，积极向公众传播科学知识，提升公众科学素养；另一方面，公众以科学素养为参与基础，参与到科学知识的创造中，参与制定有关科学议题的政策，与科学共同体一起担负起塑造和完善科学的社会角色，从而使科学研究更符合人类社会可持续发展的要求。

尤其在这个社交媒体高度发达的时代，科学传播更不再是一个由上到下的普及阶段，公众的主体性逐渐显现。科学传播的主体由国内单一的科学共同体和主流大众媒体转向跨国界的普通公众的积极参与，科学传播的媒介由大众媒体例如报纸、电视等为主的媒体转向社交媒体与智能手机的共同参与。同时，我们也看到，受众对科学信息的诉求也随着社交媒体时代的到来而有所改变：受众既有参与科学信息生产的诉求，也有对科学信息及时进行沟通的诉求。

从传统缺失模型、公众理解科学到对话参与模型，既是科学传播范式的整体变迁，也反映了传播学当中受众角色的变化，体现出了人们对科学及科学与社会公众之关系的认识的深化。公众不再是公共事务没有发言权的"门外汉"，而是在对公共事务的支持和政策决定方面一个不可缺少的声音。公众对转基因议题的意见表达就是公众对社会公共事务和科学传播参与的最好证明。

尽管公众在科学传播中的主体性在逐渐显现，但是，对于公众在科学传播当中的主体性，也有学者认为，我国的科学传播可能也并没有完全达到"公众理解科学"或"公众参与阶段"。只是在个别事件当中，出现了公众的参与，对此，公众的个人素养具有非常重要的作用。公众所具备的科学素养决定了

第三章
研究方法与研究设计

通过对敌意媒体效果研究的相关文献梳理发现，在过去研究中，多使用实验法与问卷调查法，以了解受众对媒介偏向的现实感知。在公众意见表达的研究中，较多成果聚焦于政治研究、舆论研究等领域，这些研究多采用问卷调查法，以寻找公众在公共事务意见表达中的共性。

针对受众感知为主的敌意媒体效果及其影响下的意见表达研究，需要考虑受众对转基因新闻的接触、感知与参与的实际情况，因此在整个研究过程中既要考察受众的媒介使用，也要关注受众对新闻内容、新闻媒介的主观感知情况，了解受众在这种感知背后的真实原因。

从而寻找受众在敌意感知和意见表达参与方面的规律性问题，并结合对受众的深度访谈，作为互补式的研究方法。采用不同的研究方法收集不同种类的研究资料，使研究资料之间可以通过交叉、整合形成对话与补充，这一方法适用于研究受众因媒介偏见感知而产生的敌意媒体效果的探析。

从量化的研究角度出发，使研究可以通过问卷调查就受众对转基因科学议题的态度、新闻使用、对新闻媒介的感知与评价进行了解，以概率解释受众的基本情况。就质化的角度而言，质性材料能够对规律和现象进行深入地解释，挖掘隐藏于数据背后的心理、社会文化等相关的深层次原因。

因此，本研究将通过量化的问卷调查与质化的深度访谈相结合的研究方法，使量化的数据与质性的材料互相补充，对提出的研究问题与研究假设一一进行对应分析，不同研究方法针对的具体内容如下：

1.本研究首选问卷调查分析受众对于我国主流大众媒介转基因报道的印象、评价和受众的敌意媒体感知。首先是要了解受众对媒介转基因报道的评价与媒介内容的感知，其次是测量受众对媒介报道是否有敌意媒体效果，第三则是分析什么人会出现敌意媒体效果，第四则总结出现的敌意媒体效果会对受众产生怎样的影响。

2.使用深度访谈法（in-depth interview）是为了深入了解受众对于媒介转基因报道的看法，对媒介偏向的看法，以及对媒介偏向的感知会对受众造成怎样的影响，对敌意媒体效果有更为详尽的剖析。

一、研究方法设计之一：问卷调查法

问卷调查被誉为是"社会调查的支柱"，[①]它通过对问题的精心设计来测量人群的特征及其态度和行为特征，在社会科学的研究中被广泛运用。本研究利用自填式问卷调查法对受众的转基因态度、转基因新闻接触、受众的媒介敌意感知、受众意见感知进行测量。本调查问卷中均为封闭式问题测量，在测量受众的敌意感知时，部分问题需要受众阅读问卷所附的新闻再进行问题回答。

本问卷调查总共包括六个部分：（1）问卷说明及人口学信息；（2）转基因议题态度与卷入程度；（3）转基因新闻接触与媒介评价情况，包括受众对媒介长期以来的转基因新闻报道的感知；（4）敌意媒体效果，包括敌意感知和意见感知两部分，分别对受众感知到的转基因新闻报道的立场、记者的立场、新闻对转基因的支持力度和新闻的影响力、中立者的态度等变量进行调查；（5）个人在敌意效果影响下的意见表达，包括表达意向、媒体使用、表达频率和表达内容等；（6）致谢及联系方式。（参见附录A）

---

① Babbie E. The practice of social research（英文版）[M]. 清华大学出版社，2007.

（一）抽样方法与样本确定

1. 样本选择

由于本文研究涉及转基因议题，因此本文选择以高校在校生作为样本抽取对象：

首先，转基因议题的新闻感知与评价需要具备一定的知识储备与解读能力，因此，被调查者不仅要在平时关注科学议题，还应该具备一定的科学知识基础。而高校在校生由于仍然处在受教育阶段，具备学习能力和学习条件，具有一定解读科学问题的能力和知识储备；其次，高校在校生在知识学习和知识生产的过程中，具备参与科学议题表达、讨论和其他行动的条件与能力。

与之相对应的是，在中国互联网络信息中心于 2011 年发布的《中国科普市场现状及网民科普使用行为研究报告》中指出，中国网络科普用户中，以 10–30 岁的年轻人群体为主，其中 19 岁以下群体占 26.9%，20–29 岁占 28.1%。网络科普用户中高学历人群比例较高，其中大专学历人群占比为 20.4%，大学本科及以上的人群占比更高达 26.8%，[①]本文所选择的样本也与中国互联网络信息中心所调查的用户年龄特征和学历特征相近，因而也具有一定代表性。

第三，考虑到深度访谈的可行性，本研究选取了甘肃省的高校作为样本库。由于高校在校生来自不同省份，因而也具有一定代表性。此外，随着传播技术的发展，网络等传播技术的应用打破了信息传播的壁垒，与其他职业身份的人群不同，身处不同地域的高校在校生，都能够在网络等技术条件的支持下，接触到来自不同媒体的科学技术信息与新闻。

2. 样本确定

第一步：样本量确定。根据最小样本量的计算公式：$N=Z^2\sigma^2/d^2$，Z 为

---

① 系统信息见电子文件 http://www.cas.cn/kxcb/kpdt/201109/t20110923_3353257.shtml

置信区间 Z 统计量，本次调查取置信度为 95%，保证准确度，对应的 Z 值为 1.96；σ 为总体标准差，一般取 0.5；d 为抽样误差范围，为保证精确度取 5%，N=$1.96^2 \times 0.5^2/5\%^2$=384。考虑到问卷的实际回收率不能达到 100%，问卷调查扩展了 15% 的样本量：N=384 × 1.15=441.6（取 442 人）。因此，问卷调查决定以 442 为总体样本，样本来自兰州地区高校，使用抽样方法为分层抽样和滚雪球抽样。

第二步：分层抽样。首先，根据甘肃省教育厅 2015 年 5 月公布数字，截至 2015 年 5 月 21 日，甘肃省共有高等院校 51 所，其中普通高等院校 45 所，成人高等学校 6 所 [1]。本研究选择以甘肃地区教育部直属的全国重点综合性大学兰州大学，省部共建师范类院校西北师范大学，国家民委直属综合类高校西北民族大学为代表样本库。

其次，从每个学校抽取 3 个学院。分别抽取兰州大学生命科学学院、土木工程与力学学院、文学院，西北师范大学文学院、外国语学院、生命科学学院，西北民族大学民族学与社会科学学院、历史与文化学院、生命科学与工程学院，共 9 个学院。并由学院抽样到班级。

第三步：简单随机抽样 / 滚雪球抽样。采用简单随机抽样，通过按学号抽样的方式，从班级到个人抽取问卷调查对象。

需要补充说明的是，作为本研究涉及的转基因议题，本身具有较高的争议性，在前期预调查中，对转基因议题持反对态度的人群较多，因此在后期调查中又通过滚雪球抽样，加大了转基因议题相关研究者这一潜在支持群体。在敌意媒体效果研究相关的特殊议题的研究中，Gunther 等研究者在灵长类动物实验研究等议题中，选择了特殊群体作为"议题受众"。作为"议题的受众"，对议题高度关注，在测量时，对议题的反应比一般受众更具明确的立场，对于议题的卷入度更高。因此，本研究又通过滚雪球方式，补充了转基因科学

---

[1] http://news.163.com/15/0523/01/AQ8UNOK900014Q4P.html

技术议题专业相关的研究生，这些研究生被视为转基因议题的潜在支持者。

通过滚雪球的方式招募进行了预调查，发出问卷 150 份，收回 121 份。并在 121 份问卷的基础上对测量的概念、影响测量的部分问题进行了调整，并将问卷第五部分当中的受众参与意愿从媒介类型的选择，改为 7 级测量量表。

在本次调查过程中，保证认真对待每一个项目，对受访者不清楚的地方进行解释，但是不诱导其进行回答，将问题记录标注清楚，问卷最后留下受访者联系邮箱，并同时询问受访者是否愿意接受深度访谈，对后期深度访谈对象有大致把握，问卷完成后发放小礼物。

本次调查共发放问卷 450 份，收回问卷 427 份，回收率为 94.9%，剔除回答不完整的问卷后，最终得到有效问卷 392 份。

（二）概念化和测量

首先，概念化。根据定量研究步骤，研究要对变量有清晰的界定，即"概念化"。这种适用于定量研究的概念必须能够满足抽象性、可测量性和系统性。根据实际研究情况，一方面要将难以测量的概念转化成可以测量的概念；另一方面，这种可以测量的概念关系之间要具有清晰性和明确性。本研究要测量的主要概念有：敌意媒体效果、卷入程度、媒介可信度、到达度、媒介劝服推定、政治效能共 6 个概念。

测量信度。信度是指两变量间的关系所具备的可靠性与持续性，或者是某个变量在两个以上的时间点可以获得相同的结果，关乎测量结果的稳定性、可靠性和一致性。信度可以借由重复检验各现象和现象间的关系而建立，例如对不同群体重复进行检验而获得相同结果，或由好几位研究者分别进行相同的验证程序。[1]

作为研究当中的信度检验，一般有 4 个标准：（1）指标变量个别项目的

---

① Klaus Bruhn Jensen 等著 . 陈玉箴译 . 媒介与传播研究方法指南 [M]. 韦伯文化国际出版有限公司，2005，372.

信度（Individual Item Reliability）（即标准化系数的平方）大于 0.50 ；（2）潜在变量的组合信度（Composite Reliability）大于 0.6 ；（3）潜在变量的平均方差抽取量（Average Variance Extracted, AVE）大于 0.5 ；（4）较常用的检验信度的克朗巴哈系数法（Cronbach's Alpha）为信度检验指标，一般大于 0.7。[1]本文则选取以 Cronbach's Alpha 为信度检验指标。

1. 敌意媒体效果

敌意媒体效果是指具有不同立场的受众感知到媒介对自己一方的立场有敌意，是受众对新闻偏见的评价。如果个体认为媒介和媒介报道不中立，则感知媒介对自己一方有敌意而站在对方立场上。

在本研究中，敌意媒体效果通过阅读一篇结构性中立的新闻（全文 1968 字，五位阅读者的阅读时间均在 10 分钟以内），并对新闻做出评价。

针对新闻材料的中立性，请五位对转基因议题持中立态度的读者一起阅读鉴定，选择 5 个人都认为中立的材料。另外，对于阅读材料的中立性与敌意媒体效果的研究证明，对议题高卷入度的受众面对不中立的媒介报道，也会出现"相对敌意媒体效果"，也就是说无论新闻材料是否中立，受众的评价都是主观的。

对敌意媒体感知的测量分别借鉴 Hwang 等人和 Choi 使用的测量方法，并在此基础上进行调整，通过三个陈述句的判断，分析受众对媒介转基因议题报道偏向的感知。[2]检验受访者对于媒介、媒介内容和记者倾向性的感知是敌意测量的基础。其次，通过个人原有立场和感知立场之间的距离，测量受众对媒介偏向的方向感知和媒介偏向程度的感知。

陈述 1 ：我认为，媒介对于转基因议题的报道长期以来都有偏向（倾

---

① 吴幸泽 . 基于感知风险和感知利益的转基因技术接受度模型研究——以转基因食品为例的实证分析 [D]. 中国科学技术大学，2013.

② Choi J, Yang M, Chang J J. Elaboration of the Hostile Media Phenomenon The Roles of Involvement, Media Skepticism, Congruency of Perceived Media Influence, and Perceived Opinion Climate[J]. Communication Research, 2009, 36(1): 54–75.

向性）；

陈述 2：我认为，采写转基因议题新闻报道的记者一般都有偏向（倾向性）；

陈述 3：我认为，媒体对转基因议题的新闻报道，可能被其他有权力的群体影响了。

问题 1 和 3 以 7 级量表进行反应，量表范围从 1（非常不同意）到 7（非常同意）（指标信度 Cronbach's Alpha 系数为 0.784）。问题 2 以不同方向的倾向划分（-3 偏向反对转基因，3 偏向支持转基因）。

敌意媒体感知指数，用个人立场减去感知到的新闻报道的立场并取绝对值，因此指数越大，敌意效果越明显，指数越小则敌意感知越少，敌意感知的值则在 0 与 6 之间，0 值为没有敌意效果，即媒介报道与自己立场不相反。个人的敌意媒体感知指数，可用于分析敌意媒体感知与其他变量之间的相关关系。

2. 卷入程度

卷入程度是关于受众对议题持续性和重要性（persistent and important）认识的关键研究。

通过 5 个方面测量，计算个人对转基因议题的卷入程度。

这 5 点包括：转基因议题是否重要、个人对议题的关心程度、个人与议题的关系、转基因议题的意义以及个人转基因议题的知识自测。

通过 7 点语义差异量表（semantic-differential scale），以议题"重要 / 不重要""非常关心 / 非常不关心""跟我毫无关系 / 跟我关系紧密""毫无意义 / 意义非凡"和个人对转基因技术知识"完全不了解 / 完全了解"测量。语义差异量表要求受访者在两个极端之间进行选择。为避免回答的偏差，语义差异量表确定了受访者在议题上的强度，以数值的形式测量，所有的数值集合形成一个分值。五个测量项分值的算术平均值就是个人的卷入程度指数，可用于分析敌意媒体感知与其他变量之间的相关关系。

在本研究中，将样本对转基因议题的同意或强烈同意（均值 ≥ 5）作为该议题的强烈卷入程度（这些指标的信度 Cronbach's Alpha 系数为 0.896）。

3. 媒介可信度

媒介可信度是受众对媒介特质的评价，受众对媒介的信任来自媒介能够全面、准确、客观、公平的报道新闻和事件，对媒介怀疑更倾向于认为媒介没有提供事物全貌，媒介信源也不可信。

对媒介可信度，分别对通过政党类媒体网站、专业类媒体网站和商业门户网报道评价进行分析。

评价内容包括公正 / 不公正、偏见 / 不偏见、准确 / 不准确、可信 / 不可信、报道全部 / 未报道，共计 5 项。每一项从 1（不公正、偏见、不准确、不可信、未报道全部）到 7（公正、不偏见、准确、可信、报道全部），五个测量项分值的算术平均值就是每类媒体在报道转基因议题时的可信度得分，"不偏见 / 偏见"为反转编码（这些指标的信度 Cronbach's Alpha 系数为 0.810）。

4. 媒介到达度

媒介到达度为媒介能够影响的人的数量，到达度越高，媒介影响的人群越大；到达度越低，媒介影响的人群越小。在敌意媒体效果研究中，过去的媒介到达度研究认为，能够影响较多人数的媒介对于争议性的报道更加偏见。

问卷请受众就中央级媒体与地方媒体对转基因报道所具有的倾向进行评价，由于本文提出受众的敌意媒体感知与媒介到达度正相关的研究假设。因此，请受众对以下陈述进行评价：

"我认为，影响人数众多的中央级媒体对于转基因的报道，比国内媒体具有更多的偏见，更加不中立。"

评价标准从 1 级"非常不同意"到 7 级"非常同意"。

5. 意见感知（媒介劝服推定 / 投射心理）

意见感知是受众对他人意见的推断。在阅读材料后的意见感知部分，受访者通过所附材料的阅读分别回答该篇报道在对（1）其他所有人，（2）持中立立场的人的态度的影响，以及长期接触类似新闻报道对（1）其他所有人，（2）持中立立场的人的态度的影响。

第一，了解个人推测媒介偏见可能对他人造成的负面影响，通过7级量表从1"几乎没有什么影响"到7"有很大影响"（信度Cronbach's Alpha系数为0.71）。

第二，推测（1）持相反态度的人和（2）持中立立场的人的态度的人接触媒介的偏见报道后的态度改变。

6. 政治效能感

本文借鉴并修改已有敌意媒体效果和我国目前对政治效能感的相关研究的测量，对受众的政治效能感进行测量。[①]

内在政治效能有两个陈述问题的同意水平指标，受众的答案选择设计均以5级量表进行测量，1为非常不同意，5为非常同意。四个陈述分别为：

陈述1：我认为我对政府了解比其他人多；

陈述2：我认为我具备参与政治和公共事务的资质与能力；

陈述3：我认为我能够很好地理解国家现在的重要政治议题。

外在政治效能由两个陈述作为测量指标，让受众对"我认为政府并不在意像我这样的人对转基因的看法""我就转基因议题向政府提意见，政府不会理会"进行选择。受众的答案选择设计均以5级量表进行测量，1为非常不同意，5为非常同意（信度Cronbach's Alpha系数为0.81）。由于外部效能测量的问题都为否定性问题，回答越不同意，表明外在政治效能越高，反之，则表明外在政治效能越低，因此反转编码。

---

① Feldman L, Hart P S, Leiserowitz A, et al. Do Hostile Media Perceptions Lead to Action? The Role of Hostile Media Perceptions, Political Efficacy, and Ideology in Predicting Climate Change Activism[J]. Communication Research, 2015, 1: 1–26.

7. 自变量

转基因议题的态度：以支持、中立、反对三种分类作为转基因态度的分类测量。

态度强烈程度：通过正反的编码对态度强烈程度进行检验，从 –3（强烈反对转基因）到 +3（强烈支持转基因），0 值为中立。使转基因态度创建单项指标位置得到反映，对于受众，强烈支持或者强烈反对的态度都能够在编码中显示，正反态度一一对应。

8. 控制变量

受众的人口学特征，包括：性别、年龄、专业背景、教育程度。

二、研究方法设计之二：深度访谈法

深度访谈是通过口头的谈话方式从被访谈者一方收集"建构"第一手资料的研究方法。[①] 本文采用深度访谈作为研究方法之一，目的是围绕被访谈者的态度、观点和语言表达，从访谈中获得更深入的资料，在具有规律性数据探索的基础上进行阐释。

（一）半结构式访谈设计

本文采用半结构式访谈，目的在于保证研究问题能够被深入挖掘，从而了解研究对象的态度和意愿。半结构式访谈关注的问题：不同立场的人对于敌意媒体效果背后的原因、敌意媒体感知下的意见环境感知以及意见表达式参与的路径等背后的原因，是针对个体的媒介感知与参与的访谈提纲（半结构式访谈提纲见附录 B）。

考虑到面访的可操作性和对深度访谈人员的确定，从学院到个体选择以

---

① 陈向明. 质的研究方法与社会科学研究 [M]. 教育科学出版社，2000.

滚雪球方式进行，并按照受访者对转基因议题的态度进行配额。

由于本研究的关注重点是个体的媒介偏见感知对意见感知和意见表达的影响，在半结构式访谈中，集中于个体在转基因新闻使用、偏见感知与意见表达式参与的深层原因探寻。这是半结构式访谈的重点，这些访谈的质性资料将与量化研究的数据形成对话。

（二）访谈资料与问卷资料的对话

论文的整体结构以理论假设的检验为基础，探讨不同立场的群体，其媒介偏见感知对意见气候的推断以及意见表达的影响。在此基础上，通过质性的资料对基础数据进行补充和说明。由于研究问题的复杂性，对数据的解释需要多种方式：具有代表性的个体解释涉及的个人认知、感受等其他主观性行为；具有共性的解释因具有普遍规律，以有效地概括现象。两者结合可以既对假设问题进行检验，又对假设问题进行补充说明。

访谈提纲见附录。

第四章

受众的敌意媒体效果检测

孩子们常常把一张纸放在硬币上，硬币的结构决定了纸上所显示的影像。如果硬币表面没有什么图案，影像就不可能显现。另外，如果在纸上画阴影，纸张的轮廓就会显现出来。

——保罗·F.拉扎斯菲尔德[①]

敌意媒体效果检验是其意见感知与意见表达研究的基础，因此本章对受众的敌意媒体效果进行分析与检验，主要围绕以下几个部分：

首先，从性别、年龄、教育程度、专业背景等人口统计学变量进行数据分析，旨在了解受众对转基因议题的基本态度；其次，从受众的媒介使用进行数据分析，旨在了解受众对转基因议题科学知识及信息的了解与使用状态；第三，结合受众对转基因的态度立场与转基因新闻的感知，分析受众的敌意媒体感知与强烈程度。

一、样本描述

本文从转基因议题入手，就转基因新闻的感知与意见表达为主题，进行问卷调查，共发放调查问卷442份，收回问卷427份，回收率为96.6%，剔

[①] 保罗·F.拉扎斯菲尔德，罗纳德·贝雷尔森，黑兹尔·高德特，著.唐茜，译.展江，彭桂兵，校.人民的选择：选民如何在总统竞选中做决定[M].中国人民大学出版社，2012，64.

除回答不完整的问卷，最终得到有效问卷 392 份。

敌意媒体现象研究过程中，议题的争议性一直是研究前提。具有争议性的社会议题和公共话题不仅能够引起较广泛的关注，也能够引发受众对议题的不同观点的讨论。因此，在本研究中，针对转基因议题，共具有支持转基因、反对转基因以及中立这三个不同的立场。在抽样调查的样本中，对转基因议题的支持者 136 人，占样本比例 34.7%；反对者 180 人，占样本比例 45.9%；持中立态度者 76 人，占样本比例 19.4%。

性别：参与本研究的被调查者的生理性别以问卷当中的男性或女性分类。在抽样调查的样本中，男生 221 人，占样本比例 56.4%；女生 171 人，占样本比例 43.6%。

年龄：本次调查研究的样本中，平均年龄值为 23.6，最小值 18，最大年龄高于 30 岁，其中 23–24 岁的人群最多，占 32.9%。

专业背景：不同专业背景的受众，其知识结构有所偏重，由于本次调查当中所涉专业较多，因此，根据《普通高等学校本科专业目录（2012 年）》的专业划分、名称及所属门类，将不同专业背景的受众大致划分为文学、理学、工学作为学科门类，其中文学相关专业 38.3%，理学相关专业 40.8%，工学相关专业 20.9%。

教育程度：样本的学历构成状况为本科 173 人，占 44.1%；硕士研究生 172 人，占 43.9%；博士研究生 47 人，占 12%。

生源地：在本次调查中，被调查者来自全国不同地区，由于涉及面较广，本文将不同省份划分为东部地区、中部地区和西部地区三大类，以北京、天津、河北、上海等 11 个省（市）为东部地区，以山西、湖南、安徽等 8 个省级行政区为中部地区，以四川、陕西、甘肃、青海等在内共 12 个行政区作为西部地区；样本的生源地覆盖情况为东部地区 88 人，占样本比例 22.4%；中部地区 157 人，占样本比例 40.1%；西部地区 147 人，占样本比例 37.5%。

表 4.1 样本描述

人口信息		频率	百分比	有效百分比	累积百分比
态度	支持	136	34.7	34.7	34.7
	反对	180	45.9	45.9	80.6
	中立	76	19.4	19.4	100.0
	合计	392	100.0	100.0	
性别	男	221	56.4	56.4	56.4
	女	171	43.6	43.6	100.0
	合计	392	100.0	100.0	
年龄	18—20	63	63	16.1	16.1
	21—22	84	21.4	21.4	37.5
	23—24	129	32.9	32.9	70.4
	25—26	76	19.4	19.4	89.8
	27—28	10	2.6	2.6	92.4
	30+	30	7.6	7.6	100.0
	合计	392	100.0	100.0	
学历	本科	173	44.1	44.1	44.1
	硕士研究生	172	43.9	43.9	88.0
	博士研究生	47	12	12	100.0
	合计	392	100.0	100.0	
生源地	东部地区	88	22.4	22.4	22.4
	中部地区	157	40.1	40.1	62.5
	西部地区	147	37.5	37.5	100.0
	合计	392	100.0	100.0	
专业背景	文学学科	150	38.3	38.3	38.3
	理学学科	160	20.8	20.8	79.1
	工学学科	82	20.9	20.9	100.0
	合计	392	100.0	100.0	

二、转基因信息的媒介使用

受众通过什么渠道获得转基因相关的知识与相关新闻信息？他们获取转基因知识和信息的目的是什么？在纸质媒体和网络媒体之间，在专业媒体和社会化媒体之间，他们更倾向于使用哪一种？关注和使用转基因新闻的频率是怎样的？

就调查样本的转基因知识获取路径而言，在众多的转基因知识获知渠道中，大众媒介扮演了重要角色，35.7%的被调查者表示，他们的转基因知识来自大众媒介，而讲座与授课则排在其后，为28.1%。25.3%的受访者表示其转基因知识来自实验室，仅有6.4%的受访者表示科技展览等科普活动是他们转基因知识的获取途径，约有4.6%的人表示为其他路径。

表 4.2 转基因知识获取渠道

获取途径	频率	百分比	有效百分比	累积百分比
讲座、授课	110	28.1	28.1	28.1
大众媒介	140	35.7	35.7	63.8
实验室	99	25.3	25.3	89.0
科技展览	25	6.4	6.4	95.4
其他	18	4.6	4.6	100.0
合计	392	100.0	100.0	

就转基因新闻信息获取途径进行分析发现，在受众的转基因议题科学新闻信息获取渠道中，网络媒体占据第一位，其中有71.4%的受众表示，其科学信息的获取渠道为网络媒介。其次为报纸，占14.5%。将电视作为获得转基因新闻信息的受众占比为6.6%。而与周围人的交流也是获得科学信息的一种途径，约占5.1%。相比较其他媒体而言，广播则在最末位，为2.3%。

表 4.3　转基因新闻信息获取途径

获知途径	频率	百分比	有效百分比	累积百分比
周围人	20	5.1	5.1	5.1
报纸	57	14.5	14.5	19.6
电视	26	6.6	6.6	26.3
广播	9	2.3	2.3	28.6
网络	280	71.4	71.4	100.0
合计	392	100.0	100.0	

在获取转基因新闻信息的网络媒介中，新浪、搜狐、网易等商业门户网站占据首位，约有 36.7% 的受访者表示他们通过门户网站获取相关的科学信息。其次是微博等社会化媒体，占 31.6%。而以"果壳网"为代表的泛科技类网站则排第三，约为 14%。以《人民日报》及旗下网站和《南方都市报》等媒介旗下网站的选择率分别为 4.1% 和 3.6%。在被调查的受访者中，网络媒介成为受众获取科学信息的主要媒介，在网络媒介当中，门户网和社会化媒介成为受众获知科学信息的主要渠道。

表 4.4　转基因新闻信息获取的网络媒体渠道

网络媒体类型	频率	百分比	有效百分比	累积百分比
《人民日报》等媒体旗下网站	16	4.1	4.1	4.1
《南方都市报》等媒体旗下网站	14	3.6	3.6	7.7
《科技日报》等媒体及旗下网站	39	9.9	9.9	17.6
新浪、搜狐、网易等门户网站	144	36.7	36.7	54.3
微博等社会化媒体	124	31.6	31.6	86.0
果壳网等泛科技类网站	55	14.0	14.0	100.0
合计	392	100.0	100.0	

在转基因信息的媒介使用部分，我们对受众的转基因信息的关注动机进行了调查。约 34.2% 人表示自己关注转基因信息是因为新闻媒介的报道较多，自己则跟进关注一下。28.3% 的人表示，自己关注转基因信息是因为转基因议题在日常生活中被谈及较多，作为社交话题有必要了解。21.2% 的受访者表示，转基因议题与生活息息相关，因此需要关注。另外有 16.3% 的受访者表示，自己关注转基因议题是因为与自己的学习和科研相关。因此，从受众关注转基因议题的原因来看，媒介的议程设置仍然起着重要作用，其次是作为社交话题而被受众关注。

表 4.5　转基因信息关注的原因

关注原因	频率	百分比	有效百分比	累积百分比
与学习和科研相关，需要了解	64	16.3	16.3	16.3
作为社交话题相关，需要了解	111	28.3	28.3	44.6
与生活相关，需要了解	83	21.2	21.2	65.8
新闻报道较多，进而关注	134	34.2	34.2	100.0
合计	392	100.0	100.0	

通过分析受众的转基因新闻信息的浏览频次发现，被调查人员当中有 24.2% 的受访者表示他们对科学信息无固定的阅读时间，而是有需要时再看。48.5% 的受众表示在阅读新闻过程当中，当遇到转基因新闻时会选择收看或者阅读，没有固定时间与次数。以周为单位，每周能保证 3 次以上接触阅读使用科学信息的受访者则占到 4.3%。因此可以说，在转基因新闻信息的接触使用方面，大部分的受访者都没有固定的阅读习惯。

表 4.6　转基因新闻的浏览频次

浏览频次	频率	百分比	有效百分比	累积百分比
基本能够保证每周 1 次	54	13.8	13.8	13.8

续表

浏览频次	频率	百分比	有效百分比	累积百分比
基本能够保证每周 2 次	30	7.7	7.7	21.5
基本能够保证每周 3 次以上	17	4.3	4.3	25.8
无固定次数，有需要再看	101	25.7	25.7	51.5
无固定次数	190	48.5	48.5	100.0
合计	392	100.0	100.0	

在对他人的转基因议题的态度获知渠道调查中发现，受众获取他人转基因议题态度的主要获知渠道为网络新闻当中的评论反馈，其中约有 35.7% 的受众表示他们是通过门户网站等转基因新闻报道后的新闻评论获知他人的态度。占据第二位的渠道则是微博等社会化媒介，约占 21.9%。另外有 20.4% 的受访者表示他们是通过与周围人聊天得知他们对转基因议题的态度，有 10.5% 的受众表示自己是通过微信等社交媒介获知别人对转基因议题的态度。从网络论坛获知他人科学议题态度的受访者也较少，约为 8.9%。

表 4.7　他人态度获知渠道

他人态度获知渠道	频率	百分比	有效百分比	累积百分比
周围人聊天	80	20.4	20.4	20.4
专业新闻报道	10	2.6	2.6	23.0
网络新闻评论	140	35.7	35.7	58.7
网络论坛	35	8.9	8.9	67.6
微博等社会化媒体	86	21.9	21.9	89.5
微信等社交媒体	41	10.5	10.5	100.0
合计	392	100.0	100.0	

受众获取转基因信息的主要途径，也是受众了解他人对转基因的意见、

整体社会舆论的主要途径。根据数据调查分析发现，大众媒介在此次被调查受众的转基因信息获取过程当中扮演着比较重要的角色。尽管仍然处于在校学习的状态，但是大众媒介已经成为获得转基因相关信息的一个重要途径。

而在各类大众媒介当中，网络媒体居于首位，成为受众获得转基因信息的主要媒体类型。在不同的网络类型调查中发现，受众的转基因信息主要来自商业化门户网站与社交媒体，都市报类等旗下的网站居于较靠后的位置。对于获取转基因信息的主要原因调查分析发现，媒介议程设置成为促进公众转基因知识关注的较大动力，但是受众并没有固定搜索或补充科技类信息的习惯，其中大多数人都无固定的浏览次数，只有在需要的时候再进行主动搜索。因此，可以说其个人转基因新闻信息的内容获知也跟随媒介的议程设置。

根据受众的媒介使用调查发现，在转基因议题的关注层面，大多数受众表示他们关注转基因议题是因为媒介的议程设置增加了关注行为。另外，转基因议题本身与个人生活的相关性增多也是部分受众关注转基因的一个原因，结果相关型卷入是这一部分受众关注转基因的主要原因。受众获知其他人转基因议题态度的主要途径为网络当中的新闻评论以及社会化媒体。媒体不仅成为受众了解转基因等新闻信息的主要途径，也是受众了解他人对转基因的意见和社会舆论的主要途径。

三、敌意媒体效果检测

就以往敌意媒体效果的检测而言，一般研究针对受众对某一特定媒介议题的报道立场、记者所持有的立场进行分析和评价。这样的分析侧重于受众对媒介报道的倾向性感知、对记者倾向性感知，以及媒介的报道所受到的外在压力的感知。这是了解受众对议题报道效果的认知基础。

如果借用 Williams 对于受众对新闻信任的概念划分，受众对媒体的信任不是一个单一的概念，而是一个复合概念，其中包括了受众对新闻内容的信任（trust of news content），受众对新闻记者的信任（trust of news reporter）和受众对新闻机构的信任（trust of corporations），与之相对应的则是受众对内容的信任（person-to-content），受众对人的信任（person to person）和受众对新闻机构系统的信任（person to system）。[①] 相对应来讲，受众对媒介的偏见的感知也不是一个单一的偏见，更是一个复合的表现，其中包括了受众对新闻内容的偏见感知、对生产新闻的新闻工作者的偏见感知、对新闻机构的偏见感知。从最直接的内容呈现、生产内容的主体、新闻信息的来源，都是受众媒介偏见感知的评价对象。在本研究中，本文将通过受众对媒体转基因议题报道的立场和记者立场的感知来了解受众对转基因报道的认知基础。

（一）新闻的倾向性感知

第一，是受众对媒介立场的感知。通过分析对转基因持不同立场的受众的媒介报道的偏见感知均值，从而分析受众是否认为媒体存在偏见，其报道是否与自己的立场相对立。在媒介转基因议题的倾向感知方面，转基因议题支持者均值 3.97，标准差 1.81，反对者均值 3.62，标准差 1.78，中立者均值 1.55，标准差 0.94，$F_{(2, 389)}$=56.41，$P < 0.01$。

表 4.8　媒体偏向感知描述

	N	均值	标准差	标准误	均值的 95% 置信区间		极小值	极大值
					下限	上限		
支持	136	3.97	1.805	0.155	3.66	4.28	1	7
反对	180	3.62	1.776	0.132	3.36	3.88	1	7
中立	76	1.55	0.944	0.108	1.34	1.77	1	5
总数	392	3.34	1.880	0.095	3.15	3.53	1	7

---

① Williams A E. Trust or Bust? Questioning the Relationship Between Media Trust and News Attention[J]. Journal of broadcasting & electronic media, 2012, 56(1): 116–131.

为对照就转基因持不同立场的受众对新闻的立场的感知差异，通过单因素方差分析，进行在此之后的检验，运用最小显著差（Least—Significant Difference）法，两两对比发现：对转基因持支持态度和反对态度的受众对于转基因新闻的感知之间无显著差异，而对转基因持中立态度的受众与其他两组受众之间存在显著差异，P ＜ 0.01。

表 4.9　媒体偏向感知差异

（I）立场	（J）立场	均值差（I–J）	标准误	显著性	95% 置信区间	
					下限	上限
支持	反对	0.354	0.189	0.061	−0.02	0.72
	中立	2.418*	0.238	0.000	1.95	2.89
反对	支持	−0.354	0.189	0.061	−0.72	0.02
	中立	2.064*	0.227	0.000	1.62	2.51
中立	支持	−2.418*	0.238	0.000	−2.89	−1.95
	反对	−2.064*	0.227	0.000	−2.51	−1.62

* 表示均值差的显著性水平为 0.05。

由数据可知，转基因议题的支持者认为，媒体的有些报道虽然呈现了双方的观点，但是媒体长期以来一直存在倾向性。与之对应的是，在转基因议题的反对者当中也呈现出这一感知现象。虽然也有一部分对转基因持有中立态度的受众，认为媒介的转基因报道立场具有倾向性，但是中立派受众对于这一问题的认知明显低于其他两种立场的受众，中立派在这一问题上与其他两组具有显著差异。

第二，对于记者立场的感知。通过数据分析发现，议题支持者、反对者和中立者三方之间对于采写转基因报道的记者所持的立场有不同评价。支持者均值为 –1.11，标准差 1.16，反对者均值 1.92，标准差 0.91，中立者均值 0.15，标准差 0.47。对转基因持支持态度的受众认为，新闻报道的采写记者的立场轻微偏向于反对转基因，对转基因持反对态度的受众认为，新闻记者轻微偏向于支持转基因，而中立的受众则认为记者轻微偏向于支持转基因，三方对于新闻记者的立场也给出了不同的评价。

表 4.10　记者立场感知描述

	N	均值	标准差	标准误	均值的 95% 置信区间		极小值	极大值
					下限	上限		
支持	136	−1.02	1.262	0.108	−1.24	−0.81	−3	1
反对	180	1.86	0.889	0.066	1.73	1.99	0	3
中立	76	0.09	0.867	0.099	−0.11	0.29	−3	3
总数	392	0.52	1.657	0.084	0.35	0.68	−3	3

三方对报道转基因新闻的记者对转基因议题所持的立场感知方面有显著差异，$F_{(2, 389)} = 311$，$P < 0.01$。

表 4.11　记者立场感知多重比较

（I）立场	（J）立场	均值差（I−J）	标准误	显著性	95% 置信区间	
					下限	上限
支持	反对	−2.883*	0.117	0.000	−3.11	−2.65
	中立	−1.114*	0.148	0.000	−1.40	−0.82
反对	支持	2.883*	0.117	0.000	2.65	3.11
	中立	1.769*	0.141	0.000	1.49	2.05
中立	支持	1.114*	0.148	0.000	0.82	1.40
	反对	−1.769*	0.141	0.000	−2.05	−1.49

通过了解受众对报道转基因议题的媒体立场和记者立场的感知发现，即使在评价过去媒介和记者对转基因的报道表现方面，不同立场的受众也持有明显不同的感知。中立者虽然认为媒体和记者都出现了倾向性，但这种感知明显低于对议题持有明确立场的受众。转基因议题的支持者和反对者认为，媒体和媒体过去的报道具有较为明显的倾向性，而采写转基因新闻的记者站在了与自己对立的角度上。整体上，受众对媒介的表现呈现出偏向的负面评价。

第三，报道被影响感知。对于媒体报道转基因是否被其他外在力量影响这一问题的认知当中，转基因议题支持者均值 4.03，标准差 1.54；反对者均值 3.88，标准差 1.55；中立者均值 2.39，标准差 1.2。转基因议题的支持者，更倾向于认为新闻报道受到了其他外界力量的影响，而对转基因持反对态度的受众的这一感知低于转基因议题的支持者，中立者对这一问题的感知低于其他两组。

表 4.12　报道被影响感知

	N	均值	标准差	标准误	均值的 95% 置信区间		极小值	极大值
					下限	上限		
支持	136	4.03	1.490	0.128	3.78	4.28	1	7
反对	180	3.88	1.536	0.115	3.66	4.11	1	7
中立	76	2.39	1.201	0.138	2.12	2.67	1	5
总数	392	3.65	1.583	0.080	3.49	3.80	1	7

通过对媒体倾向性感知与报道可能被外力所影响的感知分析发现，对于转基因议题的新闻报道，尽管议题中立者对转基因报道可能受到外力影响的感知明显低于其他两组受众，但也有部分对转基因持中立态度的受众认为，媒介对于转基因的报道可能会因为受到其他外力的影响。三方都认为媒介报道可能受到诸如权力群体、舆论等其他外力的影响，认为媒介报道是外力影响下的偏向产物。

受众对转基因议题的媒介偏向感知存在既有的主观倾向，即媒体与记者并非中立，新闻也可能受到外力的影响。受众对媒介偏见的感知不仅仅来源于受众对议题的认知，也来源于受众对原有媒介的评价和认知的铺垫：受众对以往媒体的转基因报道立场感知和记者的立场感知呈现出倾向性，即认为媒体长期以来的报道并没有站在中立的报道角度上，而对转基因议题进行报道的记者观点也并非中立；媒介的报道可能会因为舆论和其他群体的影响，而产生报道中的倾向性。

虽然，对于媒介的倾向性认知不等于受众可能产生敌意媒体效果，但这种具有倾向的铺垫可能导致对转基因持有极端态度的受众，对媒介的具体报道产生偏见的感知。因此，对这一问题还需要进一步了解受众对结构性中立的转基因报道的内容的评价，从而分析受众是否产生敌意媒体感知。

（二）敌意媒体感知

为了进一步判断受众是否因媒介所呈现的立场和自身立场不同而产生了敌意效果，本研究以受众原有态度和对所附新闻材料阅读的偏见感知进行分析。计算方法是用受众原有态度（反对转基因为 −3，支持转基因为 +3，0 为中立），减去感知到的报道所呈现的倾向（反对转基因为 −3，支持转基因为 +3，0 为中立），所得之差为受众在原有态度之上感知到的媒介偏见，将其绝对值视为敌意媒体效果的大小。再通过单因素方差分析和两两对比分析，既检验不同立场的受众对于转基因报道议题的偏见感知是否存在差异，也检验偏见的方向，即：

敌意感知 = |原有态度强烈度 − 感知到的偏见度|

通过对敌意媒体感知的检验发现，转基因议题的支持者均值 3.04，标准差 1.88；对转基因议题的反对者均值 3.03，标准差 1.59；对转基因议题持中立立场的受众均值 0.75，标准差 0.94。通过单因方差分析，$F_{(2, 389)}=62.71$，$P < 0.01$。

表 4.13　不同立场敌意感知

	N	均值	标准差	标准误	均值的95% 置信区间		极小值	极大值
					下限	上限		
支持	136	3.04	1.877	0.161	2.73	3.36	0	6
反对	180	3.03	1.589	0.118	2.80	3.27	0	6
中立	76	0.75	0.940	0.108	0.54	0.96	0	4
总数	392	2.59	1.834	0.093	2.41	2.78	0	6

通过最小显著性差异法（LSD）进行事后检验，对三个立场的媒介敌意感知进行两两对比，发现：转基因议题的支持者和反对者之间并没有显著差异，而中立者与其他两组在5%的置信水平上有显著差异。转基因议题的支持者和反对者中出现了敌意媒体感知，对转基因议题持中立态度的受众群体中未出现强烈的媒介敌意感知。

表 4.14　媒介敌意感知多重比较

（I）立场	（J）立场	均值差（I–J）	标准误	显著性	95% 置信区间	
					下限	上限
支持	反对	0.011	0.182	0.953	−0.35	0.37
	中立	2.294*	0.229	0.000	1.84	2.74
反对	支持	−0.011	0.182	0.953	−0.37	0.35
	中立	2.283*	0.219	0.000	1.85	2.71
中立	支持	−2.294*	0.229	0.000	−2.74	−1.84
	反对	−2.283*	0.219	0.000	−2.71	−1.85

前文提出假设认为，相较于对转基因议题持中立立场的受众，对转基因持支持立场的受众对转基因新闻报道产生了敌意媒体效果；相较于对转基因议题持中立立场的受众，对转基因持反对立场的受众对转基因新闻报道产生了敌意媒体效果。通过以上分析发现，针对转基因议题新闻报道的偏向感知，在转基因议题的中立者当中没有出现明显的敌意媒体效果，中立者认为媒介报道呈现立场基本与自己的立场相近，而报道的记者所持的立场也是中立的，并没有偏向支持或者反对转基因。

通过转基因议题的支持者和反对者在报道的立场方面的差异，发现在新闻偏向感知的方向上并没有显著差异：双方都认为媒介报道站在了与"我"相反的角度上，媒介的新闻报道受到了其他外在力量的影响。基于对感知到的新闻偏向的方向与新闻偏向的程度计算，发现在转基因议题的部分支持者和反对者中出现了敌意媒体效果。

因此，通过三组不同立场的受众的敌意媒体感知的方差检验发现，三者之间存在差异，拒绝零假设，接受假设检验1。

不同立场的受众在媒介偏见的感知方面的理解也不相同：

我平时看转基因比较少，就听家里人说什么不能吃，而且这种新闻里也不多，有的时候太专业了也确实看不懂。而且，这么专业的科技问题，应该不会太偏向谁了吧。

（访谈编号：LZMDWMC，中立）

由于转基因本身的复杂性，受众认为难以理解过于复杂的科技新闻，需要具备一定的解读能力，因此对转基因的关注低于其他类新闻。另外，在受众眼中，作为科技议题的转基因，如果反映的是科学技术本身，也很难站在某个偏向的角度上，更不具有偏见报道的必要。

我个人比较关心（转基因）啊，因为很多不是有害嘛，所以有时候就得看看说什么转基因玉米之类的新闻，你看现在家里父母买油也会看一下标注……我觉得媒体还是稍微有点支持转基因吧，很多负面都没说。

（访谈编号：LZLDZM，反对）

对转基因持反对态度的受众因为担心风险而关注转基因，认为转基因食品的流通可能给自己带来未知的风险与危害，但是媒介又没有告知受众全部的信息，因此媒介对转基因报道存在偏向。受众对是否关注转基因议题的个人原因不同，不同的初衷与卷入度造成了受众对媒介报道信息的需求与感知也不同。

（三）敌意媒体效果假设检验

1. 态度强烈度与敌意媒体感知

在前期研究当中都发现，对某项议题持有强烈态度的受众，容易对议题的相关报道产生敌意媒体效果。敌意媒体效果出现在了对转基因持支持态度和反对态度的受众群体当中，在对转基因持中立态度的人群当中敌意媒体感知不明显，因此，在这个基础上，通过分析认为，受众敌意媒体感知与受众对转基因议题的立场有关。对受众的转基因议题的态度与受众的感知之间是否具有关系则通过相关性检验可以用来反映。

通过计算二者之间的皮尔森相关系数（双侧检测）显示，敌意感知指数与受众态度强烈程度之间的相关系数 r=0.759，P＜0.01。受众的敌意感知与受众对转基因议题的态度的强烈程度在 0.01 水平上显著正相关。因此，假设检验得到验证，拒绝零假设，接受检验假设 2。

表 4.15　敌意感知与个人态度相关性

		敌意感知	态度强烈度
敌意感知	Pearson 相关性	1	0.759**
	显著性（双侧）		0.000
	N	392	392
态度强烈度	Pearson 相关性	0.759**	1
	显著性（双侧）	0.000	
	N	392	392

** 表示在 0.01 水平（双侧）上显著相关。

对于受众的个人态度而言，奥尔波特将个人的态度视为当今美国社会心理学中可能最具有特色和不可替代的概念[①]。由于态度是对议题正面或者负面、支持或者反对的一种评价和倾向，在某种程度上，态度是一种较为持久的系统，作为一种习得性的倾向，具有比情绪等更为持久的影响。一般来说，态度与个人的价值认同等联系捆绑在一起，在个人决定当中具有较大的影响力，因此态度演变的研究也一直是传播学研究当中的前沿领域。

---

① 转引自赛佛林，坦卡德著．郭镇之译．传播理论：起源、方法与应用 [M].中国传播大学出版社，2006：132.

对于转基因议题持有先入态度的受众，由于对转基因议题所具有的个人价值和结果认知相关的捆绑，其转基因议题的极端态度影响着他们对转基因报道的感知与看法。另外，受众对转基因新闻的敌意感知与受众对议题本身所持有的极端态度相关，越是对某议题持有强烈的态度和立场，越容易认为媒介对议题的报道不够公正，认为媒介没有站在中立的角度上还原事物的全貌。对议题具有极端的态度的个体，一般难以接受外在的其他看法。因此，尽管媒介对转基因的报道可能是中立的，但是对于具有强烈倾向性态度的受众而言，这种中立可能仅仅是一种形式上的中立，但实质上还是具有与自己对立的偏向。

2. 个人卷入与敌意媒体感知

个人卷入程度是测量受众在转基因议题投入层面的一个重要指标，在本研究中，个人的转基因议题卷入度由个人关注度、议题的重要度认知、与个人的关系认知、议题的意义的认知和转基因知识五个维度构成。

图 4.1　议题卷入程度

作为议题的个人实际卷入程度，计算方法为由个人在议题关注、议题重要度认知、议题意义认知、议题与个人的关系认知和个人议题知识自评五项的算术平均值。

在受众转基因卷入程度的五项测量中，个人对议题的关注度均值最高，对转基因议题的意义认知均值最低。即受众在转基因议题的卷入程度中，受众的关注度较高，但是对转基因议题究竟有多大的意义这一项的认知度较低。受众对转基因议题的卷入主要由受众对议题可能带来的后果的关心和媒介的报道的议程设置造成。在前文中就受众转基因议题的关注原因进行调查，作为媒介议程设置影响的关注与作为社交话题需要的关注，成为转基因议题关注的主要原因。在个人转基因议题卷入中，受众对转基因议题究竟有多大意义的认知较低。

我关心转基因主要是因为媒体一直都在报道转基因，所以就得多看看，比如什么能吃，什么不能吃。

（访谈编号：LZLDCM，中立）

前段时间媒体上对转基因的争论比较多，所以得多看看。

（访谈编号：LZLDXC，反对）

总体而言，从转基因议题的个人程度来看，在转基因议题的整体关心层面，支持者转基因卷入度均值 3.83，标准差 0.96；反对者转基因议题卷入度均值 3.39，标准差 1.01；中立者的转基因议题均值 2.42，标准差 0.81。对转基因议题持不同态度的受众，其转基因的卷入程度也不尽相同，三者之间存在差异，$F_{(2, 389)}$ =53，$P < 0.01$。

具体到不同立场的议题的关注度方面，支持者均值为 4.43，标准差 1.64；反对者对议题的关注均值为 3.39，标准差 1.56；中立者对议题关注均值为 2.30，标准差 1.33。转基因支持者的关注度高于反对者，而对议题持中立态度的受众对议题的关注，均低于对议题持支持或反对态度的其他两个群体的受众。

对议题的重要度认识，支持者均值 3.49，标准差 1.44；反对者均值为 2.92，标准差 1.44；中立者对议题关注均值 2.34，标准差 1.5。对议题重要度的认知，转基因议题支持者认为，转基因议题的研究比较重要，其均值高于其他中立者和反对者。

对转基因议题的意义认知，支持者均值 3.66，标准差 1.56；反对者均值为 2.59，标准差 1.55；中立者标准差 2.94，标准差 1.52。对于转基因议题的意义认知层面，受众对转基因议题究竟有多大的意义也具有不同的感知，转基因议题反对者对转基因意义的认知低于转基因议题的中立者，而转基因议题的支持者对此评价最高。

对转基因议题与个人之间关系的认知，支持者均值 3.73，标准差 1.65；反对者均值为 3.99，标准差 1.53；中立者对议题关注均值 2.08，标准差 1.02。对转基因议题与个人之间的关系，反对者的认知稍高于支持者中立者，认为转基因与个人生活具有重要的关系。

在受众个人的转基因知识评价方面，对转基因持支持态度的受众的自我评估高于反对派，中立一方的自我知识评价均低于其他两派。支持者均值 3.84，标准差 1.49；反对者均值为 3.21，标准差 1.48；中立者对转基因议题的知识自评均值为 2.76，标准差 1.56。转基因议题的支持者和反对者均认为自己在转基因议题上具有较高的知识，中立者对于转基因议题的知识自我评价低于其他两组受众。

表 4.16　受众卷入描述

| | | N | 均值 | 标准差 | 标准误 | 均值的 95% 置信区间 | | 极小值 | 极大值 |
						下限	上限		
关注	支持	136	4.43	1.640	0.141	4.15	4.70	1	7
	反对	180	3.93	1.564	0.117	3.70	4.16	1	7
	中立	76	2.30	1.327	0.152	2.00	2.61	1	6
	总数	392	3.79	1.722	0.087	3.61	3.96	1	7
重要	支持	136	3.49	1.544	0.132	3.23	3.75	1	7
	反对	180	2.92	1.436	0.107	2.71	3.13	1	6
	中立	76	2.34	1.502	0.172	2.00	2.69	1	7
	总数	392	3.01	1.540	0.078	2.85	3.16	1	7

续表

		N	均值	标准差	标准误	均值的 95% 置信区间		极小值	极大值
						下限	上限		
意义	支持	136	3.66	1.560	0.134	3.40	3.93	1	7
	反对	180	2.59	1.516	0.174	2.25	2.94	1	7
	中立	76	2.94	1.437	0.107	2.73	3.16	1	6
	总数	392	3.13	1.548	0.078	2.97	3.28	1	7
关系	支持	136	3.73	1.653	0.142	3.45	4.01	1	7
	反对	180	3.99	1.530	0.114	3.77	4.22	1	7
	中立	76	2.08	1.017	0.117	1.85	2.31	1	5
	总数	392	3.53	1.654	0.084	3.37	3.69	1	7
知识	支持	136	3.84	1.492	0.128	3.59	4.09	1	7
	反对	180	3.21	1.448	0.108	2.99	3.42	1	7
	中立	76	2.76	1.557	0.179	2.41	3.12	1	7
	总数	392	3.34	1.534	0.077	3.19	3.49	1	7

前文就受众的转基因议题的卷入程度与敌意媒体感知之间的关系，提出研究假设认为，受众的卷入程度与受众的敌意感知之间正相关，卷入程度高的受众其敌意媒体效果也高。

就受众的敌意感知指数和卷入指数，进行皮尔森相关检验，相关系数 $r=0.436$，两者在 0.01（双侧）水平上显著相关，受众的卷入程度和其敌意媒体感知之间呈正相关关系。因此，在显著性水平 0.01 下拒绝零假设，接受原假设。

同时，受众的敌意感知与议题的关注度、对议题的重要度认知、与个人关系、对议题的意义认知以及知识水平自测均呈正相关关系，其中与议题关注度的相关较其他元素强，与议题意义认知的相关最弱。

表 4.17　敌意感知与议题卷入相关性

		敌意感知	关注	重要	意义	关系	知识	卷入度
敌意感知	Pearson 相关性	1	0.397**	0.270**	0.123**, *	0.462**	0.121*	0.436**
	显著性（双侧）		0.000	0.000	0.015	0.000	0.17	0.000
	N	392	392	392	392	392	392	392
关注	Pearson 相关性	0.397**	1	0.747**	0.136**	0.224**	0.167**	0.823**
	显著性（双侧）	0.000		0.000	0.007	0.000	0.001	0.000
	N	392	392	392	392	392	392	392
重要	Pearson 相关性	0.270**	0.747**	1	0.146**	0.126*	0.168**	0.850**
	显著性（双侧）	0.000	0.000		0.004	0.013	0.001	0.000
	N	392	392	392	392	392	392	392
意义	Pearson 相关性	0.123**, *	0.136**	0.146**	1**	0.094	0.148**	0.440**
	显著性（双侧）	0.015	0.007	0.004	0.004	0.062	0.003	0.000
	N	392	392	392	392	392	392	392
关系	Pearson 相关性	0.462**	0.224**	0.126*	0.094	1	0.114*	0.459**
	显著性（双侧）	0.000	0.000	0.013	0.062		0.024	0.000
	N	392	392	392	392	392	392	392
卷入度	Pearson 相关性	0.436**	0.823**	0.850**	0.440**	0.459**	0.408**	1
	显著性（双侧）	0.000	0.000	0.000	0.000	0.000	0.000	
	N	392	392	392	392	392	392	392

** 表示在 0.01 水平（双侧）上显著相关。

* 表示在 0.05 水平（双侧）上显著相关。

　　我比较关注转基因，所以我经常看一些报道，但是新闻报道不是很专业或者很全面。

（访谈编号：LZLDXY，支持）

在受众的敌意媒体感知当中，受众对转基因的卷入度越高，越认为自己对于转基因了解较多，其议题知识相对于他人较多，因此受众会怀疑报道转基因的记者是否有能力完全解释和报道转基因议题。认为报道对于转基因的了解并不如自己多，因此对媒介报道产生了敌意媒体效果。

因为学习会接触到一些转基因，所以也会关注一些，但是我觉得媒介一提到转基因的报道，就会用一些非常极端的事件来描写与转基因研究有关的人。

（访谈编号：LZLDZK，支持）

另外，高度卷入的受众认为，媒介对于议题的报道整体而言不利于自己所在的群体，例如，媒体对转基因专家的报道和对转基因观点争论的报道往往会让受众认为，媒介站在了与自己和自己所属的群体相对立的角度上。受众感知到媒体的报道不仅不利于其他人对于自己群体的了解，甚至可能还会造成他人对自己所在群体的误解。

对议题的卷入让受众一方面认为媒体记者和其他人对于议题的知识可能不够完备，另一方面又感觉到媒体对自己群体的报道不够全面，因此在这个角度上又强化了受众对原有倾向的态度强烈度。拉扎斯菲尔德在《人民的选择》中曾指出，兴趣越高、越关注自己候选人的选举情况的稳定者要比兴趣较低、不太关注自己候选人情况的稳定者在接触信息方面更具有党派性。[1]"兴趣"与"关注"是个人在政治议题当中的一种卷入的体现。

如果大胆地将拉扎斯菲尔德的这一观点引入转基因议题的报道、卷入度和立场方面，也可以认为，兴趣越高、越关注转基因议题的人的稳定性比兴趣较低、不太关注转基因议题的人的稳定性在接触信息层面更具有倾向性。对于转基因议题高度卷入的人比那些对转基因议题卷入度较低的人也更加具有态度方面的强烈倾向性。

---

① 保罗·F. 拉扎斯菲尔德，罗纳德·贝雷尔森，黑兹尔·高德特，著. 唐茜译. 展江，彭桂兵，校. 人民的选择：选民如何在总统竞选中做决定 [M]. 中国人民大学出版社，2012，76-77.

3. 媒体到达度与敌意媒体感知

在前期敌意媒体效果的研究中，研究者发现，受众对于媒介到达度的感知影响了受众的偏见感知。研究者认为，媒介到达度是媒介偏见能够影响的人数，一个来自广阔到达的媒体，能够影响更多的人。因此，相比较一个低到达度的媒体，高到达度媒介对于转基因的报道，可能更让受众感知到对立于自己与自己所在群体。

在此次调查中发现，受众对于高到达度的全国性媒体可能更加偏见的这一陈述并不被接纳和认可。受众对这一陈述的赞成较少，总体均值2.02，标准差0.947。无论是转基因议题的支持者、反对者还是中立者，在这一问题的认知上无显著差异。

表 4.18 到达度感知描述

		N	均值	标准差	标准误	均值的 95% 置信区间		极小值	极大值
						下限	上限		
全国 VS 地方	支持	136	2.01	0.951	0.082	1.85	2.18	1	4
	反对	180	2.03	0.948	0.071	1.89	2.17	1	4
	中立	76	2.03	0.952	0.109	1.81	2.24	1	4
	总数	392	2.02	0.947	0.048	1.93	2.12	1	4

三方都认为，相比较地方性媒体对转基因议题的报道，全国性的媒体对转基因的报道更加中立、全面、客观。即使全国性媒体的影响人数多于地方性媒体，但在媒介到达度方面，并没有显示出到达度高的媒体比到达度低的媒体会出现更多的偏向感知。到达度高的全国性媒体造成的敌意感知低于影响人数较少的地方性媒体。因此，在媒介到达度与敌意媒体效果的关系层面，拒绝研究假设4。

全国性媒体肯定比地方性媒体要权威啊，地方上的媒体都是转载全国性媒体的，相比较的话，全国性媒体更可信。大媒体毕竟实力雄厚，肯定比地方媒体报道的更好，记者水平都不一样。

（访谈编号：LZMDLL，反对）

比如说央视和新华社之类的媒体，影响（力）肯定要比地方媒体大，那肯定大家都相信，因为觉得连这些媒体都不能相信了，地方媒体还能信吗？

（访谈编号：LZLDMX，反对）

对于媒介到达度为什么没有影响到个人对媒介敌意效果的感知，可以用受众对报道转基因议题的信源信任角度解释。虽然全国性媒体的到达度高，具有更强的影响力，但是在受众看来，影响力代表了权威性与可信任性。受众更愿意相信具有高到达度的媒介更加具有约束力。进而认为，虽然这些具有较大影响力的权威媒体的转基因报道，也可能会出现一些具有偏见的内容，但是从媒介的品牌力量和制度约束而言，这种约束下的偏见会少于地方性等媒体。

虽然媒介到达度与媒介的影响人数有关，但受众将媒介影响人数的多与寡和媒体的品牌、权威性以及专业性联系在一起。认为越是能够影响到较多人的媒体就应该越不会存在报道的偏见，即使在某些报道中存在媒介偏见，但是其整体数量小于影响人数少的媒体。

4. 媒介可信度与敌意媒体感知

媒介可信度是传播研究领域的重要主题，起源于经典的劝服研究中的来源可信度的研究。[1] 媒介可信度研究的焦点已经从信息来源的特征转移到媒介行为的特征，更集中在渠道效果。[2]

对于媒介的可信度，不同的研究者都提出了研究的指标，Hovland 和 Weiss 将可信度作为考虑传播者能否胜任的"内行"和考虑传播者是否会

① Hovland, C., Irving, L. J., & Kelley, H. H. Communication and persuasion[M].New Haven, Conn: Yale University Press, 1953.

② Newhagen, J., & Nass, C. Differential criteria for evaluating credibility of newspapers and TV news[J]. Journalism Quarterly, 1989, 66(2), 277–284.

发出错误信息的"可信赖"两个维度。[1] 媒介可信度逐渐被认为是一个可以被定义的小范围的指标，如 Johnson 与 Kaye 使用的可信度的研究就考量了媒体报道的准确（accuracy）、公平（fairness）、无偏见（lack of bias）、完整（completeness）、深入（depth）和可信赖（trustworthiness）要素。[2]

对于转基因新闻媒介报道的可信度与敌意感知研究，从可信度与新闻偏见感知的两个维度出发，使用"公正""准确""深入""全面"和"偏见"来测量不同媒介报道的可信度的"内行"与"可信赖"两个维度，并以 5 个维度的平均算术值作为受众对媒介可信度的评价。其中，受众认为专业类媒体最可信，均值 3.68，标准差 0.73；政府机关类媒体的可信度低于专业类媒体，均值 3.06，标准差 0.62；在对转基因的报道当中，商业类门户网站的新闻可信度低于其他两类媒体，均值 2.63，标准差 0.63。

表 4.19　媒体可信度描述

	N	极小值	极大值	均值	标准差
党报及其网站可信度	392	1.00	5.20	3.0556	0.61695
专业类媒体可信度	392	2.00	5.40	3.6837	0.73352
商业网站可信度	392	1.00	5.00	2.6260	0.62615
有效的 N（列表状态）	392				

受众认为专业类的科技类媒体在报道转基因方面，可信度高于党报及其网站，两者相对于商业类门户网站而言，都较为可信。从专业角度而言，由于转基因议题是科技类议题，具有较高的专业水平要求，这就使得受众认为，权威的、专业类的媒体在报道转基因的时候比其他媒体更具有天然优势与资质，因此专业性赋予受众对专业科技类媒体较高可信度。在我国，党报及其

---

① Riley M W, Hovland C I, Janis I L , et al. Communication and Persuasion: Psychological Studies of Opinion Change.[J]. American Sociological Review, 1953, 19(3): 355–357.

② Johnson, T. J., & Kaye, B. K. Cruising is believing? Comparing Internet and traditional sources on media credibility measures[J]. Journalism and Mass Communication Quarterly, 1998, 75(2), 325–340.

网站代表了国家和政府在科技类议题上的政策与立场，一方面这类报纸的报道一是会依照政策进行报道，其次会平衡各方之间的观点，着眼于国家和民生的角度来报道转基因，因此，受众认为，党报及其网站对于转基因的报道可信度也较高。而相比较其他两类媒体，商业化门户网站对于转基因的报道可信度较低，商业化网站在报道的全面性上面具有优势，而在报道的专业、准确度方面低于其他两类媒体。

通过受众对于标注来源不同的阅读材料敌意媒体效果的感知分析发现，受众对于来自标注为党报及其网站的新闻的敌意感知均值2.58，标准差1.78；对来自科技专业类媒体的转基因报道的敌意感知均值2.19，标准差1.51，而对来自商业类门户网站的转基因议题的敌意感知均值为3.17，标准差2.13。对于来自党报及其网站的转基因报道的敌意感知高于专业类媒体的敌意感知，而对来自商业化门户网站信息的敌意感知又高于其他两类媒体的敌意感知。

表4.20　不同媒体敌意感知描述

	N	均值	标准差	标准误	均值的95% 置信区间		极小值	极大值
					下限	上限		
党报及其网站	118	2.58	1.789	0.165	2.26	2.91	0	6
科技专业	160	2.19	1.511	0.119	1.96	2.43	0	6
商业门户网	114	3.17	2.132	0.200	2.77	3.56	0	6
总数	392	2.59	1.834	0.093	2.41	2.78	0	6

通过方差分析和LSD在此之后的检验，两两对比受众对不同信息来源报道的敌意感知发现：商业门户网站对转基因报道的敌意媒体感知分别与党报及其网站、专业科技类媒体不同，其均值差在0.05显著性水平上存在差异，$F_{(2, 389)}$=9.79，$P < 0.01$。而对党报及其网站和专业科技类媒体两类媒体之间的报道的感知之间，未出现显著差异。

表 4.21　不同媒体敌意感知比较

（I）材料来源	（J）材料来源	均值差（I–J）	标准误	显著性	95% 置信区间	
					下限	上限
党报及其网站	科技专业类	0.391	0.218	0.073	−0.04	0.82
	商业门户网	−0.582*	0.236	0.014	−1.05	−0.12
科技专业类	党报及其网站	−0.391	0.218	0.073	−0.82	0.04
	商业门户网	−0.973*	0.220	0.000	−1.41	−0.54
商业门户网	党报及其网站	0.582*	0.236	0.014	0.12	1.05
	科技专业类	0.973*	0.220	0.000	0.54	1.41

* 表示均值差的显著性水平为 0.05。

本研究在前文当中提出假设，媒介可信度与受众的敌意感知之间成反比。通过三组不同媒介间的可信度与敌意感知对比发现，受众对不同的信任与受众的敌意感知之间呈负相关关系。可信度高的媒体，其敌意感知低于可信度低的媒体。因此本文拒绝零假设，接受检验假设 5。

表 4.22　媒体可信度均值与敌意感知均值对比

	党报及其网站	专业科技类	商业门户网
可信度	均值 3.06 标准差 0.62	均值 3.68 标准差 0.73	均值 2.63 标准差 0.63
敌意感知	均值 2.58 标准差 1.78	均值 2.19 标准差 1.51	均值 3.17 标准差 2.13

对媒介到达度的受众感知，可以从社会心理学的角度出发解释。一般而言，受众的认知基模（Schema）在媒体信源可信度和受众的敌意感知之间具有重要的影响。基模是一种认知结构，代表着对某个特定概念或有刺激的有组织的知识，一个基模包括了各种属性，也包括了这些属性之间的关

系。①受众利用自身所具有的认知基模来判断从其所获得的信息，包括对信息来源的判断和信息质量等的判断。受众在阅读到有关于转基因的信息和新闻时，会根据外在的线索来赋予这个信息意义。在受众的认知基模当中，如果关于媒介的认知基模十分牢固，就会对来自这一媒体的信息抱有一种持续的评价与感知，比如认为专业类的媒体更加精确，政党类的媒体更加可信，并以此来分析来自该信源的信息所代表的立场和意义。因此，个人所具有的认知基模影响着个体对现实的感知，导致个体有选择性地注意、感知、理解和记忆有关于媒体信息。

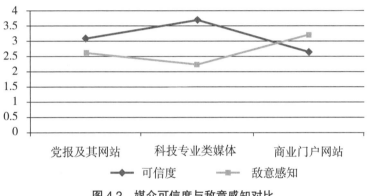

图 4.2　媒介可信度与敌意感知对比

四、多元回归分析

基于以上对受众的感知的各个变量进行分析发现，在对转基因新闻的感知中，部分受众出现了敌意媒体效果。根据对受众的议题态度、个人卷入程度、对媒介可信度感知和到达度的感知分析发现，受众的敌意媒体感知与个人的议题原有态度、个人卷入程度正相关，与受众对媒介的信任负相关。

为了进一步理清受众的议题态度、个人卷入度、对媒介的可信度感知与

---

① 刘海龙.大众传播理论：范式与流派 [M].北京：中国人民大学出版社，2007：191.

到达度感知等各个变量与敌意媒体感知之间的因果关系，并通过这些变量来预测敌意媒体感知，本研究采用了一般最小二乘回归模型（OLS）。其中，以个人对转基因议题的态度强度、卷入程度、不同媒体的可信度和媒体到达度这4块变量与敌意媒体感知直接的因果关系，采用线性回归模型：

$$Y = \beta_0 + \beta_1 x_1 + \beta_2 x_2 + \cdots + \beta_n x_n$$

Y 为预测值，因变量；$x_i, i = 1 \cdots n$ 是自变量；β_0 是常数项；x_i 为回归参数。

回归结果如下表所示，我们可以看到总 R 方为 0.578，拟合的模型能解释因变量的变化的百分数较大。说明相关性较强，回归结果可靠，且方程总体结果 p 值为 0.000 < 0.001，有 99% 的置信度。

模块 1：人口学特征，在本文中，人口学特征对于敌意媒体感知没有贡献。

模块 2：态度强度（$\beta = 1.343$，p < 0.001）。受众对转基因所持有的立场的强度对受众的敌意媒体感知有非常重要的正贡献，是一个重要的参数，当态度强度改变 1 个单位，相应的敌意媒体感知会正向改变 1.343 个单位的值。而且，态度强度的 R 方为 0.575，说明该因子回归的结果比较可信，因此，受众对转基因议题所持有的态度强烈程度对敌意媒体感知而言是个重要的变量。

模块 3：卷入程度。在卷入程度中，其中关注和关系两个变量的显著性很大（p < 0.001），β 分别为 0.345 和 0.426，对敌意媒体感知有很重要的正向贡献。且卷入程度的 R 方为 0.307，说明该因子回归的结果较可信，对敌意媒体感知而言是个重要的变量。在个人的议题卷入度与受众的转基因议题的新闻偏见感知中，个人对转基因议题意义的认知、转基因议题的知识并没有对受众的偏见感知提供更多的贡献。相比较而言，受众对于转基因议题与自身关系的认知，促进了受众对转基因议题的卷入，从而也增加了受众对转基因议题的关注。可以说，由于担心转基因对个人生活可能带来的结果，促进了受众对转基因议题的关注与卷入。因此，在转基因新闻偏见的感知当中，受众对议题的关注度与对自身可能产生的影响导致了受众对媒介报道的感知的差异。

模块 4 为媒介的可信度。在分析中发现，专业科技类媒体和商业门户网站三类媒体的可信度感知都对受众的敌意媒体感知有一定的负贡献，且媒体的可信度的 R 方为 0.043，说明该因子回归的结果较可信。

最后，模块 5 为受众对媒介到达度的感知。到达度因素对媒体的认知贡献极小（$p=0.15$，$\beta=0.043$），从受众对媒介的到达度感知分析可知，媒介的到达度对媒介的敌意感知没有贡献。

表 4.23　预测敌意媒体感知的多元线性回归系数

		非标准系数	标准误差	标准系数	R 方	P 值
人口学特征	性别（女性 =0）	0.026	0.197	0.007	0.011	0.195
	年龄	−0.177	0.105	−0.100		0.103
	教育程度	0.186	0.155	0.069		0.132
	专业类别	−0.015	0.134	−0.006		0.211
	生源地	−0.177	0.130	−0.073		0.073
态度强度		1.343	0.058	0.759	0.575	0.000
卷入程度		0.742	0.078	0.436	0.190	0.000
卷入程度	关注	0.345	0.069	0.324	0.307	0.000
	重要	0.041	0.112	0.034		0.115
	意义	−0.086	0.096	−0.073		0.370
	知识	0.057	0.051	0.048		0.267
	关系	0.426	0.049	0.384		0.000
可信度	党报类 专业类 商业类	−0.077 −0.572 −0.160	0.124 0.148 0.146	−0.031 −0.193 −0.055	0.043	0.038 0.000 0.043
到达度		0.043	0.134	0.016	0.001	0.150
总体 R 方					0.578	
总体调整 R 方					0.493	

a. 因变量：敌意媒体感知。

总体而言，OLS 多元线性回归模型对敌意媒体感知的预测有一定的相关性，可以用 $Y = \beta_0 + \beta_1 x_1 + \beta_2 x_2 + \ldots + \beta_n x_n$ 来预测敌意媒体感知，其中变量中为所列的变量。且此模型考虑了较多的因素，对结果的预测有一定的合理性。

五、本章小结

本章通过对问卷数据与受众的访谈交叉发现，受众对媒体长期以来的转基因报道持有一种偏向的认知，认为媒体对于转基因的报道具有偏向的倾向，认为记者对于其报道的转基因议题也存在倾向。但是对转基因持有不同立场的受众在记者的立场认知上面具有差异，总体而言，转基因议题的支持者和反对者均认为记者拥有与自己一方相对立倾向。对于媒体的转基因报道是否受到外在影响力的认知方面，受众均认为媒体报道转基因受到了外力的影响，但中立一方在这一问题的认知倾向上略低于其他两组受众。

受众的认知倾向不等于受众对转基因新闻产生了敌意媒体效果，因此，通过进一步数据分析发现，面对同一条转基因新闻报道，对议题持有中立立场的受众，认为媒介的报道是中立的，而在其他两组受众当中出现了敌意媒体效果。

为分析受众认知与敌意媒体效果的关系，我们通过受众的议题态度强烈度、受众的个人卷入度、受众对转基因新闻信源的可信度感知和媒体到达度的感知入手。分析发现，在本研究中，受众对转基因议题所持有的态度强烈度和个人的议题卷入程度与产生的敌意媒体效果正相关。受众对新闻可信度的认知与受众的敌意媒体效果负相关。而媒介到达度的感知并没有影响到受众对新闻偏见的感知，可以说到达度与受众的敌意媒体感知无关。

本文进一步通过多元回归分析，证明了以上的研究结论，因此可以认为：受众的敌意媒体效果与受众对议题所具有的态度和受众的议题卷入程度有关，越是关注议题，对议题本身持有强烈态度的受众，越容易产生对媒介报道的不信任，认为媒体站在了与自己对立的一面。而受众对于来自不同媒体的信息的感知也不同，如果信息是来自受众信任的媒体，受众的敌意媒体感知较低，但如果是来自受众信任度较低的媒体，其敌意媒体效果的感知相对较高。由于受众认为媒体能够影响的人数代表了媒体的权威性，在研究中发现，媒介到达度并没有影响受众的敌意感知，从这一层面来讲，媒介信源的可信度抵消了媒介到达度可能产生的敌意媒体效果。

第五章
敌意媒体效果的影响

敌意媒体效果的出现会给受众带来怎样的影响，将是本章研究的主要内容。在前期敌意媒体效果的研究当中发现，敌意媒体效果的出现会带来受众多方面的态度与行为的变化，进而导致进一步的行动。因此在本文中，将受众出现敌意媒体效果后的影响聚焦于受众的情绪反应、意见环境感知影响和政治效能三个不同层面。因为，这三个层面都对受众的个人意见表达意愿具有显著影响。

一、情绪影响

Hwang 等人在敌意媒体效果的研究当中发现，敌意感知导致了受众的媒介愤慨（media indignation）情绪出现。[①] 媒介愤慨的情绪会使参与者认为媒介报道使他们受到轻蔑，从而产生气愤等其他情绪。这种媒介愤慨情绪的出现，会导致受众在后期增加话语纠正表达的意愿等其他行为。本文认为，在受众的意见表达当中，因敌意媒体效果而对媒介产生的"愤慨"也是受众意见表达的驱动力之一。

情绪是一种短暂的个人感受，因此社会学科的研究者认为，情绪的测量

---

① Hwang H, an Z, Sun Y. Influence of Hostile Media Perception on Willingness to Engage in Discursive Activities: An Examination of Mediating Role of Media Indignation[J]. Media Psychology, 2008, 11(1): 76–97.

也具有一定挑战。在访谈中，我们请受众回忆当读到自己认为具有媒介偏见的转基因新闻时的感受，问询他们对新闻的反应。有受众表示自己会因为媒介的偏见报道而感觉到生气，也有受众表示自己读到与自己立场相反的内容时候，更担心其他人受到媒介偏见的影响。

有时候看到总在说转基因对人体没有危害的时候我还是感到非常生气的，媒体不能因为转基因的危害性还没有明确的定论就说转基因的危害比较小的，媒体没有明说转基因是无害的，很容易让一些不熟悉转基因的受众认为转基因是好的。

（访谈编号：LZSDZM，反对）

对于议题具有高度卷入的受众如果认为，媒介报道并没全面地反映事物的全貌，会因为感知到媒介的偏见存在而产生一定的负面情绪，例如"生气""愤怒"等。

新闻报道了很多争论，但是有些采访的人就很权威，有些就不会有人知道，看起来都说话了，但是采访那些有影响的人，就肯定是让大家跟着对方走。这点让我很无奈。

（访谈编号：LZLDZK，支持）

一般而言，科技类议题的专业性限定了采访信源的范围小于其他议题，加之科技类新闻的报道涉及学术观点、研究方法以及科技本身可能造成的结果等各类专业性较强的问题，因此报道时就需要与相应的专家学者相联系。例如，就具体的转基因议题而言，由于该议题所具有的不确定性，媒介为清晰报道转基因，一方面需要依赖专家，另一方面又需要对涉及争论各方进行平衡报道。尽管如此，对于转基因议题持强烈立场的受众仍然认为媒介引用的专家之间的影响力具有差异，且认为媒介的两面说理也存在倾向性。因此，无论媒介站在谁的角度上，受众均认为站在对方立场上的信源更加有影响力，这就使得对方立场的观点得到了媒介的支持，因而更加显眼。

受众对于转基因议题所持有的态度立场、对转基因议题的卷入程度，以及由敌意媒体效果而产生的情绪体验会影响到受众后续行为。越是对议题具有高卷入度的强烈态度持有者，一旦对媒介的报道感到愤慨，则会采取其他相应的态度和行为参与到转基因议题的讨论中，其表达式参与的意愿往往会强于其他人。

而这种由敌意媒体效果而导致的情绪之所以成为其后续行为的动力，主要是因为媒介信息、受众的个体性卷入和他们对态度对象的直接体验三种因素共同作用，成为影响态度的强度和态度——行为的一致性的关键要素。[①] 拥有较多关于态度对象的信息，会导致较高的态度强度和行为一致性。受众因敌意媒体效果产生的情绪作为个体的一种直接体验又强化了原有的态度，因此可能会造成其态度和行为的一致性。

二、意见气候感知

对敌意媒体效果影响研究的另外一条路径，则集中于受众对意见环境的感知。因为敌意媒体效果可能带来受众对中立的第三方意见的感知和评价，这也是个人意见表达的环境评估。在这一问题上，本文聚焦于敌意媒体效果对受众个体和他人造成的影响，主要围绕于意见气候环境的评估。通过第三人效果假设分析，了解媒介报道对他人及意见表达的环境与意见表达趋势的影响。

（一）敌意感知的影响力

首先要认识到的是，在敌意媒体效果影响的研究中，对媒介影响的评价对象不是媒介内容本身，而是受众感知到的这种效果可能给他人造成的影响，从这个层面来讲，对于这种影响的评价有三个方面：第一是自己感知到的敌意媒体效果，第二是这种感知对自己的影响，第三是这种感知对他人的影响。

---

① 理查德·克里斯普，里安农·特纳等. 社会心理学精要 [M]. 北京大学出版社，2008，84.

在研究中发现，对转基因议题持中立态度的受众群体较其他两组而言，没有产生明显的敌意媒体效果，我们继而分析了产生敌意媒体效果的其他两组群体，分别对他们感知到的敌意媒体效果可能对自己、对其他所有人以及对转基因持有中立态度的受众造成的影响进行了第三人效果的分析。分析发现，无论是产生了敌意媒体效果的转基因议题的支持者还是反对者，对于敌意媒体效果可能给个人带来的负面影响的判断较为相似，两组均认为媒介对自己的负面影响小于对其他人的影响。同时，两组均认为，媒介报道所产生的负面影响对持中立态度的人群影响最大。

表 5.1　敌意媒体的效果对他人的影响

立场	对我个人	对其他所有人	对中立者
支持	均值 2.22 标准差 1.159	均值 3.24 标准差 1.369	均值 4.84 标准差 0.658
反对	均值 2.28 标准差 1.407	均值 3.12 标准差 1.369	均值 4.69 标准差 0.814

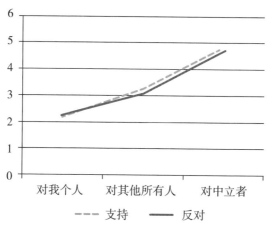

图 5.1　敌意媒体效果的负面影响推测

对转基因议题持有强烈倾向性态度的受众认为：自己对转基因议题的关注度较高，了解也较多，因此对于转基因的立场较为清晰明确；而对转基因持中立观点的个体，在这个问题上的态度模糊不明确，更容易受到媒介偏见报道的影响。通过独立样本 T 检验分析发现，两组在这一类问题上的认知相似，无显著差异（sig 值均大于 0.05），也就是说，两组不同态度的受众对媒介偏见内容对自己、对其他所有人、对中立者的态度的负面影响的感知方面无显著差异。

> 媒体的倾向性对我没有特别大的影响力，不可能改变我对转基因的观点，但是对于不了解转基因的人，可能影响大。如果媒体说转基因好，他们肯定觉得转基因好，因为媒体这么说了。

（访谈编号：LZLDZK，反对）

本文提出研究假设：媒介的偏见报道对个人产生的影响小于对其他所有人，也小于对中立者的影响。研究结果拒绝零假设，接受检验假设 6。

通过研究发现，无论是支持转基因一方还是反对转基因一方，均认为媒介对他人具有较大的负面影响力。对转基因具有强烈立场的受众认为，新闻报道当中存在偏见，但这种偏见对自己以及与自己立场一致的人影响较小，新闻报道对与自己持相反态度的人的影响也较小，但对中立者具有较大的影响。受众倾向于认为，对议题持有中立态度的人，因为观点不够清晰明确，对议题了解不够深入，因而在观点方面更容易受到媒介的影响。

（二）他人的变化感知

意见环境的感知层面，敌意媒体效果关注于产生了该效果的受众对其他人意见方向变化的判断，这一判断的一个重要标准：推断其他中立的受众在接触到媒介内容后将会偏向支持谁。本研究考察了转基因议题的支持者和反对者对于意见变化的不同方向，进而分析产生了敌意媒体效果的受众对舆论环境的感知。

在转基因议题的支持者对中立者的意见变化感知中，有 22.8% 的受众认为中立者不会发生态度变化，10.3% 的受众认为中立者会完全支持自己一方的观点，12.5% 的受众则会稍微倾向于支持自己的观点，同时有 40.4% 的受众倾向于认为中立者会在媒介的影响下稍微倾向于对方的立场，还有 14% 的受众认为，中立者会完全变到对方的立场上。

对于这一问题，对转基因持反对态度的受众也呈现出相应的认知趋势。其中 21.7% 的受众认为中立者会保持自己中立的观点不变，另外有 11.1% 的受众会认为中立者会变向完全支持自己一方的观点，15% 的受众认为中立人群稍微倾向于自己一方，但也有 37.2% 的受众认为中立者会稍微偏向对方立场，也有 15% 的受众认为中立者会转向完全支持对方。

表 5.2　中立者的态度变化感知

			立场		合计
			支持	反对	
中立者变化	完全偏向支持我方	计数	14	20	34
		立场 中的 %	10.3%	11.1%	10.8%
	稍微有点偏向我方	计数	17	27	44
		立场 中的 %	12.5%	15.0%	13.9%
	不会改变	计数	31	39	70
	稍微有点偏向对方	立场 中的 %	22.8%	21.7%	22.2%
		计数	55	67	122
	完全偏向支持对方	立场 中的 %	40.4%	37.2%	38.6%
		计数	19	27	46
合计		立场 中的 %	14.0%	15.0%	14.6%
		计数	136	180	316
		立场 中的 %	100.0%	100.0%	100.0%

这一数据显示的有趣之处在于，无论是转基因议题的支持者还是反对者，在敌意媒体效果的影响下均产生这样的感知：中立受众对议题的认知和态度

基本跟随媒介的报道而发生变化。中立的受众对于双方来说都是具有不明确态度的摇摆者和易于受到媒介影响的群体。

尤其在媒介报道具有偏向的时候，双方均认为媒介的偏向报道更容易造成负面的影响。转基因支持者认为，如果媒介报道偏向反对转基因，中立者就只知道转基因的负面，因此中立者会转去支持对方，即反对方，从而反对转基因。与之相应，转基因的反对者认为，如果媒介报道偏向支持转基因，那么，中立的受众则会在这种偏向的引导下，转而站在对方的角度上，支持转基因。双方均认为中立态度的持有者既脆弱又能够被争取，但是这一切取决于媒介在这一问题上的报道立场与态度。

因此，媒介是否呈现了某种立场，对于那些对转基因议题具有强烈态度的受众而言，十分重要。在双方看来，与自己观点对立一方的态度是很难改变的，而大部分的中立者应该是自己争取的对象。在敌意媒体效果的其他研究中也发现，对事件或议题持对立意见的双方，往往会通过观察中立一方的反应以及判断媒介报道对中立一方的影响来分析意见环境。

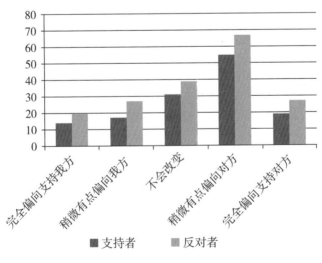

图5.2 中立者的态度变化方向

在本次调查当中发现，对转基因议题持对立意见的双方对中立第三方的意见感知方面均出现了"第三人效果"，但是从总体来看，双方均更倾向于认为中立者会站在对方的角度上，"投射心理"的被"媒介劝服推论"的优势所抵消。在沉默的螺旋研究中发现，受众基于对意见环境的推断从而选择是否公开表达自己的观点与看法。因此，受众对中立者意见判断的意见表达环境感知，是分析受众后期行为的基础。因此，拒绝零假设，接受假设检验7。

作为较早确定自己态度立场的"中坚分子"，转基因议题的坚定支持者和坚定反对者是最关心转基因议题的人群，均认为：自己的观点很难被对方改变，而与自己观点相反的对立一方也较难改变态度，但作为中立的第三方则较为容易被媒介改变。从这个角度，双方均对媒介偏向可能给中立者造成的负面影响表示担心。

拉扎斯菲尔德在其著作中提到，媒介的宣传对选民产生了三种影响：激活了漠不关心者，强化了党徒的信念，使游移不定者改变了立场。① 对于转基因的报道而言，媒介的报道依然对此具有关键的影响和意义。敌意媒体效果让我们看到，因为媒介报道，不同受众逐渐增多了对转基因议题的关注。但是，受众对于媒介的报道也产生了不同的感知，对议题持有相反态度的双方，均表明自己对于转基因议题的原有态度不会改变。对于中立者而言，媒介的报道可能并没有在短期内起到直接的作用，但是媒介报道又刺激了对议题具有高度卷入且立场相对的双方，使他们有可能采取的进一步的行为，以行动争取中立者态度改变。可以说，媒介激活了受众对转基因议题的看法，而高度卷入的受众则有可能为了改变中立的受众而进行宣传。

三、政治效能感影响

在本文当中，对受众的外在政治效能和内在政治效能都进行了调查，希

---

① 拉扎斯菲尔德针对媒介对政治宣传所产生的影响做出的评价。

望通过对政治效能的分析，了解敌意媒体效果与受众的政治效能之间的关系，既产生了敌意媒体效果受众，其外在政治效能是否受到了影响，进而分析内在政治效能和外在政治效能对受众的意见表达行为影响。

无论是受众的内在政治效能还是外在政治效能，对于受众的表达式参与行为都具有影响。内在政治效能与受众的心理、知识等个人因素相关，而外在政治效能是受众对于事件参与的一个直接反应。Lauren Feldman 认为，受众的外在政治效能是对政治系统的一种反映，往往受到敌意媒体效果的影响。[①]在西方国家，受众认为媒介是西方民主的基石，而媒介报道的戏剧化、片段化的结构性偏见则可能降低受众对制度和政府机构的信心。

对于我国而言，虽然与西方国家制度不同，但受众对媒体的信任与依赖并不低于其他国家。从政策层面而言，我国的媒介属于国家所有，是党和人民的喉舌，无论从政治意义还是就现实的公共参与而言，媒体都是受众了解国家政策、参与公共议题的重要渠道。在很多具有争议性的议题和事件层面，相关的政策、制度的宣传和导向，都是通过大众媒介传到受众一方。因此，媒体及媒体报道的信息，对于我国受众具有非常重要的意义。

政府在这个问题上很少直接说什么，也没看到过有什么权威的机构发言说转基因到底怎么样，但是媒体报道得多，所以就看媒体。如果媒体对转基因报道是偏向谁的，那政府在这个问题上肯定是偏向谁的。

（访谈编号：LZMDWMC，中立）

媒体要报道转基因食品的政策，比如能不能种、能不能卖，肯定是政府导向的，而不是媒体想说什么就是什么，我觉得在这个问题上，媒体代表的是政府。

（访谈编号：LZLDZM，反对）

---

① Feldman L, Hart P S, Leiserowitz A, et al. Do Hostile Media Perceptions Lead to Action? The Role of Hostile Media Perceptions, Political Efficacy, and Ideology in Predicting Climate Change Activism[J]. Communication Research, 2015, 1: 1–26.

对于受众而言，因为转基因议题具有严肃性和重要性，认为媒体就转基因进行报道发声时，代表的就是政府在这一问题上的立场与导向。关于国计民生的转基因议题不仅仅是单纯的科技议题，而是关乎国家政策、民众信任与公共事件参与的社会性科学议题。在一些不同领域的研究中发现，受众对媒介的信任与政府机构的信任之间紧密相关，如果受众产生敌意媒体效果，也会降低对政府机构、政府官员以及其他公共机构的信任。在转基因议题中，受众的敌意媒体效果是否影响了受众的外在政治效能，是敌意媒体效果影响在政治效能感方面要测量的问题。

在本研究中，受众的内在政治效能和外在政治效能都被考虑在内。外在政治效能感是评价个人是否具有能力理解政治议题、是否能够胜任参与政治行为的一种判断或感知。而内在政治效能感是受众对于政治活动或者体制是否能够按照民众的想法进行调整的一种判断或感知。[①]

作为一种"能力学说"，在本研究中主要针对个体是否了解政府、是否具备参与政治能力及是否理解国家重大议题来分析，以三者之间的算数平均值，作为受众本身的内在政治效能。受众的内在政治效能是对个人能否具有理解政治议题、参加政治活动的能力的评价，与受众的心理等其他个人因素相关。通过数据发现，不同立场之间的受众的内在政治效能无显著差异，$F_{(2, 389)} = 5.03$，$P > 0.05$。

表5.3 不同立场的内在政治效能感描述

	N	均值	标准差	标准误
支持	136	2.9706	0.59417	0.05095
反对	180	3.0426	0.62736	0.04676
中立	76	3.0219	0.72691	0.08338
总数	392	3.0136	0.63598	0.03212

① Balch,GI.Multiple Indicators in Survey Research: The Concept 'Sense of Political Efficacy. Political Methodology[J]. 1974, 1(1), 1–43.

　　而作为一种对政府外在反映的感知，受众的外在政治效能与受众对事件的关注、认知及对政府相关反映的评价相关。在本研究中，考察重点在于受众是否认为政府在意其看法，受众是否认为政府会因公众的看法而改变政策。

表 5.4　不同立场的外在政治效能感描述

		N	均值	标准差	标准误	均值的95%置信区间		极小值	极大值
						下限	上限		
外在政治效能	支持	136	3.01	0.990	0.084	2.84	3.18	1	5
	反对	180	3.09	0.919	0.068	2.95	3.22	1	5
	中立	76	3.81	0.734	0.084	3.64	3.98	2	5
	总数	392	3.21	0.959	0.048	3.11	3.30	1	5
不在乎个人观点	支持	136	3.03	1.154	0.099	2.83	3.23	1	5
	反对	180	3.16	1.113	0.083	2.99	3.32	1	5
	中立	76	3.80	0.864	0.099	3.61	4.00	2	5
	总数	392	3.24	1.118	0.056	3.13	3.35	1	5
不会改变	支持	136	3.00	1.135	0.097	2.81	3.19	1	5
	反对	180	3.03	1.065	0.079	2.87	3.18	1	5
	中立	76	3.83	0.958	0.110	3.61	4.05	1	5
	总数	392	3.17	1.115	0.056	3.06	3.28	1	5

　　在不同立场的受众当中，中立立场对于政府在转基因议题上的外在政治效能感最高，均值 3.81，标准差 0.73，转基因议题的支持者（均值 3.01，标准差 0.99）和反对者（均值 3.09，标准差 0.92）对政府在转基因议题的评价上均低于中立的受众。

　　转基因议题的中立者与另外两组的外在政治效能在 0.05 的显著性水平上具有显著差异，$F_{(2, 389)}$ =21.36，$P < 0.01$。没有产生敌意媒体效果的中立者，

与产生了敌意媒体效果的其他两组受众其外在政治效能不同。未产生敌意媒体效果的中立群体，其转基因议题的外在政治效能感高于产生了敌意媒体效果的其他两组群体。

表5.5　外在政治效能多重比较

（I）立场	（J）立场	均值差（I–J）	标准误	显著性	95% 置信区间	
					下限	上限
支持	反对	−0.07696	0.10371	0.458	−0.2809	0.1269
	中立	−0.80108*	0.13073	0.000	−1.0581	−0.5441
反对	支持	0.07696	0.10371	0.458	−0.1269	0.2809
	中立	−0.72412*	0.12487	0.000	−0.9696	−0.4786
中立	支持	0.80108*	0.13073	0.000	0.5441	1.0581
	反对	0.72412*	0.12487	0.000	0.4786	0.9696

* 表示均值差的显著性水平为 0.05。

在这一问题上也说明了两点：首先，长期以来，对转基因持有不同态度的受众，对这一问题的外在政治效能感知不同；其次，产生了敌意媒体效果的受众对转基因议题的外在政治效能感较低。同时，为了验证和分析受众产生的媒介敌意效果与其外在政治效能感之间的关系，我们使用了相关性检验进行双侧检验。分析发现受众的敌意媒体感知与受众的外在政治效能感之间在 0.01 水平上显著相关，Pearson 相关系数 r=−0.68，P＜0.01。因此可以判断，受众的敌意媒体感知与受众的外在政治效能负相关。

也就是说，在不同组的受众当中，敌意媒体感知度高的受众，其转基因议题的外在政治效能感低。因此拒绝零假设，接受检验假设 8。

表 5.6　敌意感知与外在政治效能感相关性

		敌意感知	外在政治效能感
敌意感知	Pearson 相关性	1	−0.680**
	显著性（双侧）		0.000
	N	392	392
外在政治效能感	Pearson 相关性	−0.680**	1
	显著性（双侧）	0.000	
	N	392	392

** 表示在 0.01 水平（双侧）上显著相关。

四、本章小结

本章通过深度访谈与第三人效果检验的数据相结合，对受众就敌意媒体效果而产生的情绪影响、意见环境的感知和政治效能感之间的关系进行了分析。

研究发现，对转基因新闻报道产生敌意媒体效果的受众，会产生一定的负面情绪，如生气、无奈、愤怒等。这些情绪进而影响了受众对议题的表达与参与。

其次，通过第三人效果假设检验发现，受众出于乐观性偏见，一般认为敌意媒体效果对自己产生的负面影响小于对其他人产生的影响。但是对议题持有倾向性态度的受众认为，在媒介偏见报道的影响下，中立的第三方受到的负面影响最大。这些对议题持有强烈倾向性的受众认为自己对议题具有较清晰的了解，而中立的第三方态度模糊，在议题上具有不确定性，因此更容易受到媒介偏见报道的负面影响。

第三，产生了敌意媒体效果的受众认为媒介偏见报道可能导致的其他受众意见的变化。具体而言，他们认为媒介报道不会改变自己在转基因议题上的看法，但是中立的第三方往往会因为媒介的偏向报道而选择站在对方的立场上。

第四，通过对受众的政治效能感分析，发现受众的敌意感知与受众的外在政治效能感之间呈现负相关关系。敌意感知高的受众，其外在政治效能感较低。一方面是由于受众将媒体视为政府立场的代表，认为媒介反映的也是政府的观点和立场；另一方面也说明，出现敌意媒体效果的受众往往可能会对政府在转基因议题上的政策产生不理解甚至是错误的理解和感知。

第六章

个人的意见表达

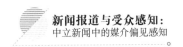

本章聚焦于敌意媒体效果对个人意见表达意愿和行为的影响，一是在于了解受众在过去就转基因议题的进行意见表达式参与行动的状况；二是在于了解产生了敌意媒体效果的受众，其转基因议题表达的意愿与空间选择；三是了解受众的外在政治效能与受众的表达意愿之间是否有联系，从而预测受众在敌意媒体感知背后的行为意愿。

一、表达式参与行为

通过分析受众过去一年就转基因话题参加讨论的频率与原因，发现较多（37.5%）的受众从未就转基因话题参与过意见表达。就议题发表个人观点的受众，其表达的初衷大致出于"引起他人对议题关注"和"纠正媒介偏见"两个方面。也就是说，感知到媒介偏见的受众当中，也会希望通过自己的意见表达来促进和改善他人对于转基因议题的了解。

表 6.1　参与意见表达的原因

	频率	百分比	有效百分比
纠正媒介报道的偏见	82	20.9	20.9
补充媒介报道没有的信息	70	17.9	17.9
引起他人对转基因的关注	93	23.7	23.7

续表

	频率	百分比	有效百分比
从未参与过	147	37.5	37.5
合计	392	100.0	100.0

结合受众的表达意愿，问询受众为何不愿意参加任何转基因话题的讨论的原因，发现在从不就转基因议题参与任何话题表达的受众当中，41%的受众认为自己的观点不占优势，32.5%的受众表示自己不愿意面对转基因问题的讨论可能带来的冲突，而有13%的受众表示自己不认为这种话题参与会带来任何改变。

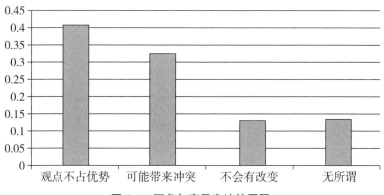

图6.1　不参与意见表达的原因

通过分析受众在过去参与转基因话题表达的动力和不参与表达的原因后发现：首先，在受众参与转基因议题的讨论的诸多原因中，对信息的完善和纠正媒介偏见的动力依然存在。在其他关于敌意媒体效果可能引发的个人行为研究当中也发现，受众因为敌意媒体感知而存在"纠正性"的行为意愿。

其次，沉默的螺旋依然存在。受众会进行意见环境的判断而进行话语的表达与讨论。如果受众在意见环境的感知中发现自己一方的立场属于少数派意见的时候，一般倾向于不发表讨论意见，因此"沉默的螺旋"现象依然存在。如果认为自己的意见是具有优势的一方，并且能够在所选择的表达空间内得到认可，那么优势意见仍具有继续发酵的可能。相似的是，如果认为自己的观点在这一空间无法得到认同，甚至可能还会对自己一方带来负面影响时，处于意见弱势的受众则更倾向于在这一空间保持沉默。

与我国情形相似的是，Chia 在敌意媒体效果研究当中也发现，在新加坡，如果受众认为他们的观点不被支持，一般会克制说出自己的观点，受众的意见表达与外部的意见环境感知相关。[①] 在其他以沉默螺旋理论为基础的研究当中也发现，受众的意见表达与受众对意见环境的判断紧密联系，如果受众认为意见环境不利于意见表达，则趋于保持沉默。

二、敌意媒体效果与意见表达

（一）感知与表达意愿的相关性

在本研究中，我们认为，受众的敌意媒体效果会影响到个人情绪及对他人意见的判断，从而增强公众的表达意愿。在前文研究假设当中提出，受众的敌意媒体感知与受众的意见表达正相关，因为受众感知到敌意，从而推测媒介偏见可能对他人产生的负面影响，进而引发受众想要表达的意愿。本文以受众在不同空间当中表达意愿的算数平均值，作为个人表达意愿的综合指数。

在受众的意见表达意愿指数的计算基础上，分析个人表达意愿与敌意媒体效果的相关性，得出受众的敌意感知与受众的意见表达意愿在 0.01 水平上微弱正相关，Pearson 相关系数 r=0.21，即敌意媒体感知指数高的受众，认为媒介报道偏见高，其对于转基因议题的意见表达意愿也较高。因此，拒绝零假设，接受研究假设 9。

---

① Chia S C. How Authoritarian Social Contexts Inform Individuals' Opinion Perception and Expression[J]. International Journal of Public Opinion Research, 2013, 26(3): 384–396.

表 6.2 敌意媒体感知与个人表达意愿的相关性

		敌意媒体感知	表达意愿指数
敌意媒体感知	Pearson 相关性	1	0.210[**]
	显著性（双侧）		0.000
	N	392	392
表达意愿指数	Pearson 相关性	0.210[**]	1
	显著性（双侧）	0.000	
	N	392	392

** 表示在 0.01 水平（双侧）上显著相关。

（二）表达意愿的空间偏向

受众放大了转基因新闻对他人的负面影响，认为媒介偏见报道会对中立者有较大影响，造成了大部分中立者站在对方的立场上。基于媒介劝服推定和受众的纠正意愿的分析，发现受众感知到的敌意媒体效果与受众的表达意愿正相关。受众既有表达的动力（劝服），又有表达的阻力（感知到的"敌意"的环境），意见表达的内在驱动力和外部环境之间存在着矛盾。

因此，我们认为受众有纠正表达的意愿，但是也会因为对意见环境的判断而在不同空间内有差异。我们将受众表达空间进行了划分，即私人空间、私人和公共的混合空间以及完全的公共空间。分别对个人在综合私人空间、混合空间和公共空间内的转基因议题的表达意愿进行综合。

具体而言，在六个不同的个人意见表达的空间中，受众愿意就转基因议题讨论呈现出不同的意愿。总体均值显示，受众与在公共空间与陌生人进行讨论的意愿最低，均值 2.08，标准差 1.08，与周围人讨论的意愿最高（均值 4.18，标准差 1.42），微信则紧随其后，均值 3.86，标准差 1.57，个人的微博使用和表达意愿低于微信，其均值 3.06，标准差 1.31，在网络论坛发表意见的行为意愿略低于其他的网络表达意愿（均值 2.41，标准差 1.02）。

本文在前期提出研究假设：受众在公共空间的表达意愿低于在私人空间的表达意愿，从数据可知，受众在私人空间的表达意愿高于混合空间和公共空间，因此接受假设检验10，拒绝零假设。

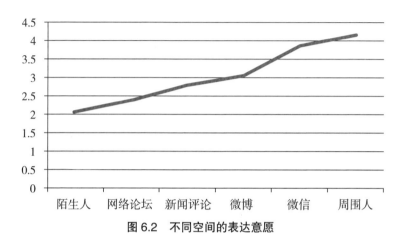

图 6.2　不同空间的表达意愿

此外，对转基因议题持有不同立场的受众在个人的表达渠道的选择上也有所差异，在个人意见的表达空间的趋势方面亦有所不同。

表 6.3　表达意愿的差异对比

		均值	标准差	标准误	均值的95%置信区间		极小值	极大值
					下限	上限		
与陌生人	支持	1.94	0.787	0.067	1.81	2.07	1	4
	反对	2.16	1.223	0.091	1.98	2.34	1	7
	中立	2.13	1.181	0.136	1.86	2.40	1	7
	总数	2.08	1.084	0.055	1.97	2.18	1	7
网络论坛	支持	2.21	0.912	0.078	2.05	2.36	1	5
	反对	2.51	1.038	0.077	2.36	2.66	1	6
	中立	2.53	1.101	0.126	2.27	2.78	1	6
	总数	2.41	1.017	0.051	2.31	2.51	1	6

续表

		均值	标准差	标准误	均值的95%置信区间		极小值	极大值
					下限	上限		
新闻评论	支持	2.57	1.209	0.104	2.37	2.78	1	6
	反对	2.97	1.335	0.099	2.78	3.17	1	6
	中立	2.92	1.364	0.156	2.61	3.23	1	6
	总数	2.82	1.308	0.066	2.69	2.95	1	6
与周围人	支持	4.22	1.326	0.114	4.00	4.45	1	7
	反对	4.13	1.536	0.114	3.90	4.35	1	7
	中立	4.22	1.312	0.151	3.92	4.52	1	7
	总数	4.18	1.421	0.072	4.04	4.32	1	7
微博	支持	3.04	1.395	0.120	2.80	3.27	1	7
	反对	3.14	1.259	0.094	2.95	3.32	1	7
	中立	2.93	1.279	0.147	2.64	3.23	1	7
	总数	3.06	1.310	0.066	2.93	3.19	1	7
微信	支持	3.88	1.573	0.135	3.62	4.15	1	7
	反对	3.91	1.619	0.121	3.67	4.14	1	7
	中立	3.74	1.446	0.166	3.41	4.07	1	6
	总数	3.86	1.568	0.079	3.71	4.02	1	7

对转基因议题的支持者而言，其与陌生人讨论的意愿与其他两组无显著差异，其意愿都比较低；在网络论坛的表达与讨论意愿方面，其表达意愿与其他两组有显著差异，$F_{(2, 389)} = 4.19$，$P < 0.05$，讨论发言少于其他两组受众，而这一空间选择在转基因的反对者与中立者之间无显著差别。另外，在其他的空间的讨论路径也与其他两组之间无显著性差异。

对转基因议题持反对态度的受众而言，与陌生人的讨论意愿与其他两组无显著差异，但在网络论坛上的意见表达与转基因议题的支持者有显著差异，$F_{(2, 389)} = 4.19$，$P < 0.05$。在新闻内容评论的路径中，其意愿也与转基

因议题的支持者不同，F（2，389）=3.92，P < 0.05。三组受众在微博、微信以及与周围人的讨论当中无显著性差异。

总体来说，对转基因持不同意见的受众，在私人空间中的表达意愿最高，且不同立场的受众之间并没有显著性差异，例如在与周围人的互动讨论和在自己微信上发表个人关于转基因议题的话题，都未有明显差异。而在混合空间的微博、网络新闻和新闻论坛讨论方面，持不同观点之间的受众组间有明显差别。

三、外在政治效能与表达意愿

外在政治效能解释了受众对媒介和政府的信任程度，而受众的外在政治效能又与敌意媒体效果负相关，这就说明受众越是感知到媒介偏见，其媒介信任就越低。由于受众将媒体的观点等同于政府的观点与立场，因此敌意媒体效果的增加，随之也会降低受众对政府在转基因议题方面的政策信任。

如果产生对政府的不信任，也可能会导致其他相应结果出现，如受众参与政治事务的意愿降低等。但是本文着重考察的是受众因敌意媒体效果而产生的个人意见表达的意愿变化。前文分析产生了敌意媒体效果的受众对中立者意见的感知，发现受众在他人意见感知方面的共性：认为媒介偏见对自己的负面影响小于他人，并且认为中立者会跟随媒介的报道而改变观点。因此，受众个人的表达意愿与敌意媒体效果正相关，以此来纠正媒介偏见可能带来的负面效果。

与此同时，由于具有高敌意感知的受众，其外在政治效能感较低。那么就有必要分析受众的外在政治效能感与受众的意见表达之间是否存在联系？受众对政府和媒介的信任感降低会提升还是降低其意见表达的意愿？对于这两个问题，本文通过受众的外在政治效能与表达意愿之间进行相关性分析，发现受众的外在政治效能与受众的表达意愿之间在 0.01 水平上存在负相关关系，因此接受检验假设 11，拒绝零假设。

表 6.4　外在政治效能感与表达意愿的相关性

		表达意愿	外在政治效能感
表达意愿	Pearson 相关性	1	−0.256**
	显著性（双侧）		0.000
	N	392	392
外在政治效能感	Pearson 相关性	−0.256**	1
	显著性（双侧）	0.000	
	N	392	392

** 表示在 0.01 水平（双侧）上显著相关。

敌意媒体效果降低了受众对媒介和政府的信任，间接地影响了受众对政府的信任，而如果受众认为政府不会回应他们的要求，则会增加自己的行为，以引起受众对这一问题的关注。虽然，在其他关于受众意见表达的研究中发现，受众意见表达与受众的政治效能感正相关，即政治效能感低，其表达式参与的意愿也低。本文当中考察的意见表达不仅仅是受众在公共空间内的意见参与式表达，还包括在其他空间内的个人表达与讨论，因此，受众的外在政治效能降低，使之认为政府和媒介的信息不可信，但会增加个人在私人空间和混合空间内的意见表达与讨论。

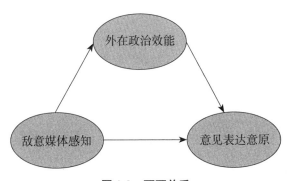

图 6.3　两两关系

四、多元回归分析

为了进一步了解受众的敌意媒体感知、内在政治效能、外在政治效能与意见表达的因果关系，用多元回归分析来分析所筛选的数据。分别了解与受众的敌意媒体效果、政治效能、意见表达意愿等各模块的关系，主要目标在于分析两个问题。

问题一：人口学特征（性别、年龄、教育程度、专业类别）、态度强度、个人卷入程度（对议题的关注、议题的重要度认知、议题的意义、议题与自己的关系、议题知识）、敌意媒体感知、内在政治效能与外在效能之间的因果关系；

问题二：人口学特征（性别、年龄、教育程度、专业类别）、态度强度、个人卷入程度（对议题的关注、议题的重要度认知、议题的意义、议题与自己的关系、议题知识）、内在政治效能、外在政治效能与表达意愿之间的因果关系。

上述两个问题中，人口学特征（性别、年龄、教育程度、专业类别、生源地）、个人的态度强度、个人的议题卷入（对议题的关注、议题的重要度认知、议题的意义、议题与自己的关系、议题知识）是控制变量。

我们设计采用 OLS 多元线性回归模型来拟合、分析、预测我们想要的实验结果。包括所有 392 个数据样本，采用 95% 的置信度分析。其中分析模型如下：

$$Y=\beta_0+\beta_1 x_1+\beta_2 x_2+\cdots+\beta_n x_n$$

其中：Y 为预测值，因变量；$x_i, i=1\cdots n$ 是自变量；β_0 是常数项；β_i 为回归参数。

首先，我们针对问题一，因变量是外在政治效能，我们设计了 OLS 回归模型如表 6.5 问题一栏所示。为了得到准确的结果，使得输出的结果更加可信。我们对控制变量进行了控制分析。

对于第一个问题，即各个变量对受众外在政治效能的影响。人口学因素对外在政治效能没有明显贡献。态度强度和受众对转基因议题的关注度的 p 值 < 0.05，可作为回归分析的因素。

研究问题二，敌意媒体感知、外在政治效能对个人表达意愿的影响。因变量是受众的个人表达意愿，我们设计了 OLS 回归模型，为了得到准确的结果，使得输出的结果更加可信。我们对控制变量进行了控制分析。

研究问题一中，控制变量年龄、教育程度和专业等，对受众的意见表达没有贡献。受众个人对转基因议题所具有的态度强度对受众个人的外在政治效能（P < 0.05）和意见表达（P < 0.001）有贡献，且个人态度强度的标准化系数 β 为负值，说明个人对转基因的态度对受众的外在政治效能有负效应。

在卷入度层面，就个人卷入度的各个维度而言，个人对转基因议题的关注度对转基因议题的外在政治效能（P < 0.05）和个人的意见表达（P < 0.05）有负贡献。其他控制变量因为置信度较低，没有足够充分的理由作为用于预测表达意愿的因素，且回归系数 β 都较小。

受众的敌意感知对受众的外在政治效能和意见表达均有贡献。起到关键作用的核心变量是敌意媒体感知和内在政治效能。从表中可以看出，这两个变量的置信度都极高，敌意媒体感知（β=-0.333，p < 0.001），有 99% 的置信度，且对外在政治效能的负贡献较大。

研究问题二的核心变量是敌意媒体感知和受众的内在政治效能与受众的外在政治效能一起对受众意见表达的影响。从表 6.5 中第二栏可以看出，这 3 个变量的置信度都极高，敌意媒体感知（β=0.056，p < 0.01），有 99% 的置信度，且对表达意愿的贡献为正值；内在政治效能（β=0.864，p < 0.001），对表达意愿的贡献非常重要。在其他因素不变的情况下，内在政治效能变得 1 个单位值，表达意愿相应的要变动 0.864 个单位的值。外在政治效能（β=-0.158，p < 0.001），与其他两个核心变量不一样，它对表达意愿的贡献为负值，进一步说明，受众的个人外在政治效能对受众的个人表达意愿有负贡献。

表 6.5　回归系数

	问题一：外在政治效能		问题二：表达意愿	
	非标准化系数	标准化系数	非标准化系数	标准化系数
控制变量				
性别（女性 =0） 年龄 教育程度 专业类别	0.097 −0.034 0.056 0.031	0.050 −0.056 0.059 0.024	0.030 −0.035 −0.065 0.051	0.018 −0.053 −0.051 0.045
态度强度	−0.029*	−0.031	−0.139***	−0.168
卷入程度				
关注 重要 意义 知识 关系	−0.053* 0.023 0.006 0.019 0.006	−0.095 0.037 0.009 0.030 0.011	−0.011 0.002 0.047 −0.020 −0.020	−0.022 0.003 0.085 −0.036 −0.039
核心变量				
敌意媒体感知	−0.333***	−0.637	0.056**	0.121
内在政治效能			0.864***	0.643
外在政治效能			−0.158***	−0.177
常数	4.144***		1.517***	
R 方	0.473		0.502	
N	392			

*表示 $p < 0.05$；** 表示 $p < 0.01$；*** 表示 $p < 0.001$。

为了考察残差，我们画了 P-P 图，如下所示，从图和上面的分析，总体而言，回归结果较好，可以用于预测外在政治效能，最终预测表达意愿。

因变量：外在政治效能

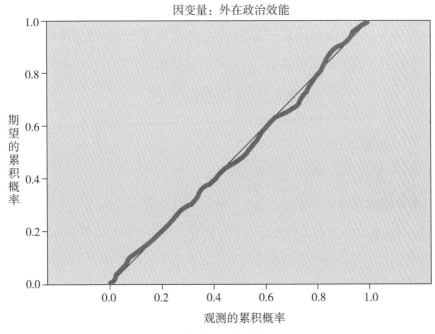

图 6.4　回归标准化残差的 P–P 图

通过对个人的敌意感知、内在政治效能、外在政治效能和意见表达的多元回归分析发现，受众对议题的关注度和受众对议题所持态度的强烈度会影响到受众的个人外在政治效能和意见表达。其中，个人态度越强烈，关注度越高，其议题的外在政治效能感越低。

但是，受众的个人态度对个人的表达意愿有负贡献，原因在于个人所感知到的媒介的敌意与受众内在政治效能起到了关键的调节作用，即是否愿意参加意见表达和意见讨论还不仅与个人对议题所持有的态度相关，还与受众的内在政治效能有关，这也是我们在第二层进行讨论的问题。

从第二层的数据分析发现，影响受众因外在政治效能感降低的不仅是受众对转基因议题的态度强烈度和关注度，而且还包括受众出现的敌意媒体效果。也就是说，受众对议题所持有的强烈态度、对议题新闻的关注程度和他们所感知到的敌意媒体效果都对其外在政治效能有负贡献。

通过分析我们可知，受众产生的敌意媒体效果与受众对议题的态度、卷入程度相关，而受众对转基因议题的表达意愿则与受众的敌意媒体效果、受众自身的内在政治效能和感知的外在政治效能相关。而且在诸多要素中，受众的内在政治效能感对其意见表达有较高的正贡献。

五、本章小结

本章研究发现，在过去，受众对转基因议题的意见表达和讨论参与总体较少。部分受众认为自己的意见不具有优势，且由于害怕意见表达带来冲突，从而减少了与转基因议题相关的公开意见表达。因此，在受众的意见表达过程当中，"沉默的螺旋"效应依然存在。在参与了话题讨论的受众当中，部分被调查者表示，他们就转基因议题发表意见的原因是想要纠正媒介报道带来的负面影响，也有部分受众表示其表达的目的在于完善和补充媒介报道所缺乏的信息。因此在受众意见表达中，"纠正"媒介报道的意愿成为主要的意见表达动力。

通过数据分析发现，受众的敌意媒体效果与受众的意见表达意愿呈正相关关系，受众感知到的媒介偏见高，其就转基因议题进行意见表达的意愿也高。对此，可以说，受众既有纠正与补充的表达动力，又有评判意见环境带来的表达阻力。因此，本文继而分析了受众在不同空间内，选择不同渠道进行表达的意愿，发现公众在公共空间的意见表达意愿低于混合空间的表达意愿，而受众在私人空间内的表达意愿最高。

通过多元回归分析也证明了这一点，受众的意见表达行为既受到敌意媒体效果的影响，也受到其政治效能感等其他要素的制约。受众的外在政治效能感对其意见表达有负贡献。外在政治效能感降低了公众在公共空间的表达式参与，但是增加了混合空间和私人空间的个人表达意愿。受众更倾向于选择更加私人化的空间进行讨论与表达。

受众的意见表达与其外在政治效能之间呈负相关关系。受众产生的敌意媒体效果，增强了受众对媒介的偏见感知，降低了他们对媒介的信任，从而带来了受众在这一问题上对政府政策的负面看法：受众认为政府不会在乎自己对转基因的看法，自己在转基因议题上的意见不会被采纳。过去关于公众政治效能感的研究发现，公众外在政治效能的降低对其公共事务的参与有直接影响，但此次调研发现，公众虽然在公开场合的表达意愿有降低，但是会转向寻求其他的参与方式作为替代行为，以此补偿公共空间的表达式参与行为的缺失。因此，尽管公共空间的表达式参与会降低，但是混合空间和私人空间的表达意愿却在增高。

这种混合空间和私人空间个人表达意愿的增加，可能导致受众的意见表达与议题讨论存在于一个"小世界"当中。话题讨论行为在"小世界"内进行。受众通过媒介劝服推定进行意见表达的环境判断，分析自己发表意见和参与话题讨论时可能导致的后果，因此更加倾向于在私人空间和混合空间的表达。比如，他们更愿意与家人、朋友等周围人进行讨论，或者与自己观点相似的群体讨论，在"小世界"内表达自己的看法与观点。这就有可能导致，个人意见根据不同的空间具有不同的表现：某一条意见或看法可能在某一空间内趋于沉默，而在其他空间内更占有优势。意见在不同的群体和空间内发酵，从而有可能造成群体内的意见极化，无法形成意见和不同观点之间的良性对话。与此同时，尽管对某特殊议题持有不同立场，但这些不同意见持有者仍然希望通过在私人空间内的意见表达去改变周围的中立者，或者抵消媒介报道对周围中立者的负面影响。

第七章

结论和讨论

一、研究结果

本书以受众对媒介偏见的感知——敌意媒体效果为研究对象，分析了受众对具有争议性的话题产生的敌意媒体效果，以及这种敌意媒体效果出现的相关要素，进而分析了敌意媒体效果在受众意见表达层面产生的最终影响。

本研究认为，受众的敌意媒体效果感知是媒介偏见研究的一个重要组成部分，以往的媒介偏见研究，更注重分析媒介报道了什么、媒介报道偏向了谁、媒介报道的偏见有怎么样的危害。而敌意媒体效果的研究提示，受众对媒介偏见的真实感知以及这种产生了怎么样的效果才是媒介及媒介偏见的现实呈现。

多个媒介研究领域都曾涉猎受众的媒介偏见感知研究，这些研究领域包括新闻公信力研究、媒介可信度研究、媒介素养研究等。这些研究分别就受众是否会相信媒介、受众如何解读媒介报道内容以及受众如何认识媒介等议题进行讨论，但都没有将受众的偏见感知作为研究的主要对象。因此，对于受众的媒介偏见感知讨论并不深入。

因此，回到本书所讨论的敌意媒体效果，我们所聚焦的根本：受众对媒介偏见的个人感知。即受众是否意识到媒介偏见的存在，受众认为媒介偏见具体偏向了谁。敌意媒体效果的研究结合了两个方向，媒介偏见的呈现和受众对媒介的感知。如果从社会心理学的角度来说，个体无法逃脱偏见的存在，本身是被偏见所裹挟的个体。如果这些具有偏见的个体对具有争议性问题持有先入之见，那么受众如何感知他们所关心的媒介报道？从这个层面来讲，敌意媒体效果的研究围绕的是：

主观的受众 × 争议性事件 × 媒介报道

即将受众的主观性、事件可能引发的争议和媒介对争议事件的报道考虑在内。因此，从这个角度而言，媒介偏见不再仅仅是简单的"媒介是否具有偏见"以及"偏见产生了什么后果"这么简单。

针对受众的主观性，本文在基于前人研究的基础之上进行了文献梳理和总结分析，将受众的主观性和受众对问题所持的态度的强烈程度、立场和受众个体对于议题的卷入度结合起来，从而分析受众对于新闻报道来源及对于媒介影响的感知。

针对议题的争议性，本文选择以转基因议题作为分析研究的对象。因为对于转基因议题而言，持有不同立场的受众对转基因技术应用的认知不同，支持者认为转基因食品产量高、农药使用量少，反对者认为它具有潜在风险、破坏生态环境以及违背伦理，中立者对转基因持有谨慎的态度，因此该议题既具有较大争议性，同时在争议性科学新闻的传播研究当中具有重要实践意义。

在新闻报道层面，本文考虑到新闻的客观性，选择结构客观的新闻作为受众的感知对象；针对新闻的来源，选择在问卷中将新闻来源假设来自不同类型媒体，并考察不同媒体的可信度与敌意媒体效果之间的关系；针对媒介的影响力，对比受众对地方和中央媒体的感知，分析受众对不同特质新闻的感知。通过问卷研究和访谈，得出以下研究结果：

（一）敌意媒体效果：媒介偏见感知

在对转基因持极端支持态度和反对态度的群体当中都发现了敌意媒体效果的存在。尽管媒介均衡地报道了两方不同的观点，但对转基因持有极端态度的受众依然认为媒介报道站在了与自己立场相对立的角度上，认为媒介报道受到了其他外界力量的影响。而这一感知现象在对转基因持中立态度的受众群体当中并不明显。

通过数据分析发现，受众的敌意媒体效果感知与受众对议题的卷入程度、受众对议题所持有立场的强烈程度、受众对新闻媒体的信任程度有关，而与媒介的到达度无关。

具体来说，对转基因议题具有强烈先入态度的受众，对于媒介报道显现出更多的不信任与敌意感知。认为媒介报道并没有站在中立的角度上，而是站在了与自己对立的角度上，认为报道新闻的记者对转基因也持有偏见态度，认为媒介对转基因的报道受到了外来压力的影响。因此，对于受众感知而言，受众对议题所持有的极端态度影响了受众对媒介报道的认知。

在受众的卷入度方面，受众的卷入度与敌意媒体效果正相关。作为受众卷入度的测量，受众对于议题的重要度认知、意义认知和自我知识的评价对受众的敌意媒体效果贡献较小。受众对转基因议题的关注度、受众个体对转基因与自己之间的关系认知对受众的敌意媒体效果贡献较大。

从媒介的信息来源分析，如果新闻媒体本身的可信度较高，受众对来自这一媒体的新闻所持有的敌意效果就低。同理，如果新闻来源较为权威，受众的敌意感知也就相对较少。报道新闻的媒介越可信，受众产生的敌意效果越低。对受众而言，不具备权威性的商业化网站和地方类媒介的报道更容易生产出具有偏见的报道。媒介的权威性和专业性决定了受众对媒介新闻报道的感知。

针对媒介到达度和媒介报道信息来源的对比分析发现，媒介到达度并没有影响到受众的敌意感知。受众并不认为能影响到更多人的媒介就具有偏见，媒介到达度在这一层面上并没有导致他们出现明显的敌意媒体效果。目前，这一研究结果与国外较多关于媒介到达度的研究不同。在此次研究中，被调查的受众更趋向于认为，相比较于其他小的媒体，越是能够影响更多受众的媒体，越具有权威性和影响力。基于此，可以认为，对于我国受众而言，媒体的权威性抵消了他们因媒介到达度而产生的敌意效果。

总体而言，通过研究发现，根植于受众认知当中的先入之见——对议题的态度、对媒介的认知，限制并引导了个人对新闻信息的感知与解释。受众对于转基因新闻信息的评价不仅是"相信"或者"怀疑"那么简单。因此它不仅仅是个人科学素养或媒介素养问题，可以说它既针对受众对问题的"解码"，又有赖于对传播效果的整体分析。

可以说，与以往受众研究中对受众文本解读的洞察一样，敌意媒体效果研究的创新之处，在于具体针对的是不同受众新闻偏见的感知的分析，并在此基础上又印证了一个观点，即影响人们对文本理解的关键因素是受众在理解信息之前就已具有的个人倾向性，这些不同的个人倾向性导致了对信息和文本的不同理解。①

（二）敌意媒体效果影响

敌意媒体效果对受众产生的影响是多元的，这些影响分别显现在公众舆论的感知，少数族群的疏离以及受众对媒介的信任方面。② 通过对敌意媒体效果的影响进行文献耙梳，梳理出其产生影响主要集中于受众的情绪、意见感知、政治与其他社会参与的行为层面。考虑到不同国家之间的文化与制度差异，结合研究的本土化实践可能，本研究则将敌意媒体感知可能产生的影响分析聚焦于受众的情绪、政治效能感与意见感知影响三个不同方向。研究发现主要集中在以下几个方面：

1.情绪影响

首先，敌意媒体效果对受众的情绪产生影响。

---

① 詹姆斯·科伦.重新评估大众传播研究中的新修正主义.博伊德－巴雷特编.媒介研究的进路 [M].北京：新华出版社，2004，625.

② Tsfati Y. Hostile Media Perceptions, Presumed Media Influence, and Minority Alienation: The Case of Arabs in Israel[J]. Journal of Communication, 2007, 57(4): 632–651.

Hwang 等研究者在敌意媒体效果的研究当中发现敌意感知导致受众出现了媒介愤慨等情绪，[①]对于此，也有后续研究逐渐印证，对于媒介的报道，受众所感知到的敌意媒体效果越高，其愤怒情绪也就越强烈。[②]

情绪本身虽然短暂，但作为个人认知和态度的基础，情绪可能引发后续的其他行为，比如增加抗议、增加意见表达的行为等。在此次调查研究中发现，在部分产生了敌意媒体效果的受众当中，更倾向于选择通过不同的渠道表达自己对转基因议题的看法。这不仅仅是出于要纠正媒介报道所存在的偏见和倾向性，更是被个人感觉到的"愤怒""生气""无奈"等情绪所驱动。当产生媒介愤慨情绪的受众认为媒介报道并没有客观、中立、全面地反映新闻事件的全貌时，他们更乐于进行个人的意见表达。

可以说，受众的情绪在敌意媒体效果当中的感知和后续行为之间起中介作用。[③]在敌意感知的支撑下，受众一方面采取消极的回避措施，选择有利于自己的媒体来进行信息的搜索；另一方面，可能采取积极的行为措施，通过个人意见参与的行为，来抵抗媒介报道和感知到的偏见。

受众对于转基因议题所持有的态度立场、受众对转基因议题的卷入程度、对转基因新闻的直接体验和由此产生的情绪往往会直接影响到受众对新闻媒体、从业人员和媒体报道本身的态度和后续的行为。越是对某一特定议题持有强烈态度的受众，如果对媒介的报道感到愤慨，则越容易采取强于他人的态度来参与到议题当中，无论这种参与是表达式参与还是其他行动式参与。

2. 媒介信任影响

由前文研究数据可知，敌意媒体效果的出现与新闻的可信度相关。可信

---

① Hwang H, Sun Y. Influence of Hostile Media Perception on Willingness to Engage in Discursive Activities: An Examination of Mediating Role of Media Indignation[J]. Media Psychology, 2008, 11(1): 76–97.

② Arpan L M, Nabi R L. Exploring Anger in the Hostile Media Process: Effects on News Preferences and Source Evaluation[J]. Journalism & Mass Communication Quarterly, 2011, 88(1): 5–22.

③ 周树华，闫岩. 敌意媒体理论：媒介偏见的主观感知研究 [J]. 传播与社会学刊，2012，22：187–212.

度高的媒介其产生的敌意感知低于可信度低的媒介。另一方面，新闻可信度与媒介的敌意感知之间是一种互生关系。Tsfati 和 Cohen 研究了加沙定居点的民众产生的敌意媒体效果与媒介信任、政府信任之间的关系，发现敌意媒体效果降低了个体对媒介的信任，媒介的信任与对民主的信任正相关，而对民主的信任与暴力抵抗政府的行为意愿负相关。[①] 也就是说，媒介偏见的感知间接地导致了暴力抵抗政府的意愿的产生。

在本文中，就转基因议题的报道而言，越是认为媒介站在了与自己相反的立场上的受众，越认为媒介没有如实地反映新闻事件的全貌，没有将转基因议题的全部信息告知公众。产生了敌意媒体效果的受众认为，媒介对于转基因新闻的报道不够全面和中立，媒介的报道受到了外来压力的影响，比如经济利益和舆论压力等。受众认为，由于受到外在压力而无法真实反映新闻信息的媒体，其可信性和权威性值得怀疑。由于敌意媒体效果降低了受众对媒介的信任，受众会转而寻求其他信息源作为补充，其中部分信息可能来自非专业的社会化媒体，这些媒体当中的信息与受众原有的议题立场相同，这就有可能进一步加剧受众对专业媒体的不信任。

3. 意见环境感知

敌意媒体效果在受众的意见环境感知方面有重要影响。以往的敌意媒体效果研究，集中聚焦于产生敌意媒体效果的受众如何表达自己的看法，以及受众的观点表达与敌意媒体效果之间有怎样的联系。在本研究中发现，产生了敌意媒体效果的受众认为：媒介报道所呈现出来的偏见对自己的负面影响小于对其他人的影响，自己原有的观点和态度不会因为媒介的报道而转变。同时，在意见环境的感知测量上发现，产生了敌意媒体效果的受众会认为那些对转基因持中立立场的人更容易受到媒介偏见的影响，认为中立者会转而站到自己的对立面。将中立态度持有者视为"脆弱"和"易受影响"的一方，

---

① Tsfati Y, Cohen J.Democratic Consequences of Hostile Media Perceptions[J]. International Journal of Press/politics, 2005 (4): 28–51.

是出现媒介敌意效果的受众的一个显著认知特征。

与对中立者的感知和评价不同，产生敌意感知的受众认为自己对转基因问题了解较为清晰明白，因此作为"理性"的个体，立场是相对稳定的，自己不容易被媒介新闻所引导，更不会因为媒介偏见的出现而受到影响。对于与自己观点相反的人，敌意感知者认为，由于对方的"非理性"，加之媒介本来就偏向对方的立场，媒介不仅不会改变对方对转基因议题的认识，甚至认为媒介报道和对立一方的存在，会使自己一方的观点更受到不利。面对这种感知状况，即便是中立的媒介所报道的中立信息，也很难在短时间内起到良好的传播效果。

4. 外在政治效能感

通过敌意媒体效果与外在政治效能感的分析发现，敌意媒体效果与受众的外在政治效能感负相关。在我国，媒介是国家所有制，受众认为，大众媒介在某些程度上代表了国家和政府对转基因这一问题的态度与立场，媒介所报道的，可能就是政府对于这一事件的立场和政策。受众认为，大众媒介对转基因议题的报道，从另一个角度来理解，就是政府对转基因议题的观点，媒介站在谁的角度上说话，就代表了政府对转基因议题的立场。

受众对转基因议题的偏见感知影响了受众的外在政治效能感。尤其是敌意媒体效果强烈的受众，其外在政治效能感低，即认为政府也不会在意自己在转基因议题方面的观点，即使向政府机构和媒介反映意见，自己的意见和建议也不会被重视和采纳。一方面，受众认为自己离专业化大众媒体较远，除了自己所使用的微博、微信等社会化媒体平台，无法与媒体进行其他的沟通，无法通过媒介向政府反映和表达对转基因政策的意见，甚至认为就算自己说了什么，其意见属于少数派，并不能起到太多作用。

5. 意见表达的影响

基于以上问题研究，我们进而对受众的意见表达意愿趋向层面和意见表达空间意向进行了分析，发现敌意媒体效果提高了受众意见表达的意愿并可能导致意见极化的出现。

在意见表达的意愿层面，敌意媒体效果促进了受众的意见表达式参与的意愿。受众在敌意媒体效果的影响下，希望通过自己的意见表达，发出自己立场一方的声音，从而降低他们感知到的媒介偏见带来的负面影响。例如，敌意媒体效果通过增加了受众的媒介愤慨情绪而使受众参与到意见表达的行动当中。Rojas 也证明，对于感知到敌意媒体效果的受众，更趋向于通过意见表达这样的行动来纠正媒介偏见所带来的负面作用。①

产生敌意媒体效果的受众更倾向于认为媒介报道的导向与自己的观点相对立，媒介所站的这种立场对其他中立者具有负面影响。因此，减少或降低媒介报道和媒介偏见的负面影响，是出现敌意媒体效果的受众进行意见表达的动力之一。

在意见表达的空间层面，受众的表达趋向不同。前文研究的数据中发现，受众在诸如人际交谈、朋友圈的个人层面的表达高于在微博和网络新闻论坛或评论的表达，受众在完全公开的公共空间内的表达意愿最少。矛盾的是，受众的表达意愿因为敌意媒体效果而升高，但是受众的公开表达在减少。其主要原因在于，因敌意媒体效果而感知到意见环境的"敌意"。受众认为，由于媒介报道站在对方的立场上，中立者也会因为媒介的报道转而支持对方，这就使得自己一方的意见在公共空间内就成了"少数人"的意见。如果作为少数的意见在公开的空间表达出自己真实的想法，会因此而招致多数意见的敌对与责难。

因此，受众在敌意媒体效果的影响下，使得话语在"小世界"内进行传播，即个人的意见在那些不会受到过多压力的小圈子内传播。从传播空间上看，意见的传播趋向于个人空间，混合空间次之，公共空间最低；从传播群体来看，个人的话语趋于传播在与自己立场相同的内群体当中，而公共空间

---

① Rojas H. 2010. "Corrective" Actions in the Public Sphere: How Perceptions of Media and Media Effects Shape Online Behaviors[J]. International Journal of Public Opinion Research, 22(3): 343–363.

当中的"沉默的螺旋"效应并没有消失。

6. 可能附加的效果：意见极化

受众对感知到的敌意有两种抵抗的方式：消极的抵抗和积极的抵抗。消极的抵抗是对媒介内容的抗拒，即努力寻求其他的信息源；积极的抵抗则是采取"纠正"行为，通过其他空间渠道发出自己的声音。这两种抵抗的方式都可能带来意见的极化现象的出现。

首先，作为消极的抵抗，受众会选择性使用媒介信息。因为敌意媒体效果的出现，受众更倾向于回避对多元意见的接受，选择搜寻与自己观点和态度相似的信息。如果搜索到这类与自己意见和观点相似的信息，受众的原有意见则会得到强化。在判断其他信息时，受众认为其他观点的媒介信息与自己立场不符，因此依然使用自己原有的观点与标准。由于网络发达与社会化媒介发展，为选择性接触信息提供了便利和可能，而受众通过其他媒介和意见领袖的相似观点的搜索与接触，就有可能强化个体原有信息与观点。因此，即便受众以自己的认知接触并理解新的媒介信息时，也仍带有原有观点的影子。

其次，作为积极的抵抗，受众会进行选择性讨论和表达。受众的选择性讨论体现在选择讨论对象与讨论的环境两个方面。在前文研究发现，由于受众对意见气候环境的感知，认为大部分的中立者可能会在媒介偏向的报道引导下，站在与自己对立的角度上。为避免可能给自己带来被孤立的后果，受众在选择讨论对象时，尽可能选择与自己观点相近或者那些不会孤立自己的环境。同时，网络大大地提高了受众信息选择的可能性。虽然以 BBS 为代表的网络论坛开始衰落，但是具有同质化特征的小媒体又开始出现。① 例如，在微博与微信中，具有相同经验、类似情绪、相近观点的受众形成了小的聚合群体，意见在小聚合群体的交流，增加了意见极化的可能。

---

① 叶宁玉、王鑫. 从若干公共事件剖析网络群体极化现象 [J]. 新闻记者，2012，01：46–51.

在本研究中，受众对"选择性"的考虑更多是出于意见的可接受性、媒介的近用性以及最能够带来的直接表达的结果。通过意见环境的推测来推测意见环境是否利于个人的意见表达与话题讨论。例如，受众愿意选择以私人空间为主的表达渠道，包括与周围的家人、朋友交谈、在微信等私人空间内表达，以使意见表达和讨论既能纠正媒介的偏见报道，又能够减少自己可能面对的孤立。而以个人的社会网络为背景进行的私人空间的议题讨论与观点的交流，往往发生在具有同质化特征的人群当中。遗憾的是，这些个体一般都具有相近的观点与情绪，议题的讨论不仅不能带来观点的碰撞，反而可能使受众原有的观点会得到强化。

二、敌意媒体感知的产生原因分析

对于媒介敌意效果形成原因，信息处理理论（Theory of Information Processing）从选择性记忆、选择性分类和不同的评价标准提供了解释。[①] 铺垫效果（Priming effect）从心理机制进行了解释，即前期积累的印象在被媒介内容激发后，与新的内容节点相连，形成人们对事件的感知。[②] 而社会身份理论（the Social Identification Theory）则从身份的自我归类解释了敌意效果的形成原因。[③]

解释一：信息处理理论。

信息处理理论解释的是受众对信息的处理机制。研究者通过实验和调查将信息处理理论引入到敌意媒体效果研究中，对产生的敌意媒体效果的原因

---

① Schmitt K M. Why partisans see mass media as biased[J]. Communication Research, 2004, 31(6): 623–641.

② Ariyanto A, Hornsey M J, Gallois C. Group Allegiances and Perceptions of Media Bias[J]. Group Processes & Intergroup Relations, 2007, 10(2): 266–279.

③ Reid S A. A Self–Categorization Explanation for the Hostile Media Effect[J]. Journal of Communication, 2012, 62(3): 381–399.

进行分析。Arinyato 等研究者认为，在面对相同信息时，具有个人倾向的人比较容易记住那些报道当中的负面消息，他们更容易忽略与对手相关的负面消息，因此，个体总是能记住媒介对自己有敌意的内容。

心理学研究认为，人们对负面消息的关注和记忆是人生存的本能，敌意媒体效果的出现与人们对负面消息的选择性记忆（selective recall）本能息息相关。与选择性记忆紧密相连的信息处理机制则是选择性归类（selective categorization），人们根据自己的立场对相同的信息赋予不同的解释和归类。Schmitt 等人在对转基因食品的研究中，分别对支持者和反对者展示了同一段文字，并请他们就这一段文字写下印象深刻的内容。研究结果表明，双方在回忆的数量和准确性方面基本无差别，但是倾向强烈的人却认为大比例的信息对另一方有利。①

第三种信息处理机制是不同的标准（different standard of judgment）。因为人们一直对自己所属的群体、自己所持的观念具有天然的偏好，在面对反对意见时，他们会认为这些反对意见即使重要也是不值得考虑的。②

解释二：铺垫效果。

铺垫效果原属于认知心理学基于网络记忆模型（Network models of memory）的研究。该研究模型认为，信息以结点（nodes）的形式储存在人的记忆中，每一个结点代表一个概念（concept），这些结点通过关联路径（associative pathways）与其他相关结点链接组成网络。③

科林斯和洛夫特斯提出了激活扩散模型，即记忆网络中的每个结点都有一个激活阈值（activation threshold），如果达到该结点的激活阈值界限，该结

---

① Schmitt K M. Why partisans see mass media as biased[J]. Communication Research, 2004, 31(6): 623–641.

② Ariyanto A, Hornsey M J, Gallois C. Group Allegiances and Perceptions of Media Bias[J]. Group Processes & Intergroup Relations, 2007, 10(2): 266–279.

③ Collins A M, Loftus E F. A Spreading Activation Theory of Semantic Processing[J]. Psychological Review, 1975, 82(6): 407–428.

点就会被激活并沿着其链接路径扩散到其他结点。然而，如果没有了外在的刺激，结点的激活水平将会随着时间而消失，结点也将处于休息状态。

总的而言，如果从铺垫角度来看人脑对于信息的处理过程的话，可以转化为以下模式：如果一个人近期接触了某信息或者长期接触某种信息，这些信息就成为最易得的信息，在遇到新的信息刺激后，这些在脑海中储存的原有的信息就会与新的信息之间建立起某种关系而影响到对新信息的处理。

铺垫效果是一种人们理解信息和人脑储存信息的过程。从20世纪70年代起，社会心理学家开始使用铺垫效果来研究个人感知、刻板印象和态度行为。[①]具体到敌意媒体效果而言，媒介的刻板印象成为人们在阅读信息时先于信息内容而激发的结点，是人们用来判断信息的依据。

解释三：社会身份理论。

人们通过群体的属性来区分确认"我"和"他"。在这一理论框架下，人的党派性或群体认同越高，就越会使用群体的认知模型来解释事件。在对媒介的信息进行理解和感知时，人们因自我卷入（ego-involvement）而区分自己与他人的所处的群体和身份，更倾向于积极地保护自我和自我所处的群体，并以此决定对于信息接受或拒绝的程度。因此，即使是中立、平衡的报道也会被认为是具有偏见的。因为受众认为报道不符合或者没有迎合自己所在群体，这也是敌意媒体效果产生的根源。

研究人员从6所公立和私立大学招收了犹太学生和阿拉伯学生进行研究（控制组学生为同一州公立大学的学生）。这些被招募的受试者被告知观看关于中东战争的录影带，观后的反馈将用于完善该录影带。受试者分别观看来自CBS、NBC和ABC对1982年的黎巴嫩战争的报道，并在观看后回答了调查问卷当中一系列封闭和开放的问题。在这一研究中发现，受众对群体的自

---

① Roskos-Ewoldsen D R, Klinger M R, Roskos-Ewoldsen B. Media Priming: A Meta-Analysis. Mass Media Effects Research: Advances Through Meta-Analysis[M]. Lawrence Erlbaum Associates, 2007, 57.

我卷入影响了传播效果的构想：具有相反立场的两派都认为媒介对自己一方是有敌意的，通过第三人效果假设和卷入程度的检验发现，双方都认为控制组会转向对方，都害怕中立组会认为自己是首先发动攻击的一方。①

此外，在一项针对菲律宾基督徒的研究中发现，即使人们以前从没有阅读过基督教报纸或者穆斯林的报纸，身份认同强烈的基督徒仍然认为穆斯林报纸对自己一方有更大的敌意。②在先前的研究中，受众的自我身份因宗教信仰、职业、国家、党派等属性归类而具有多样性，在不同的议题当中，这些不同身份属性与个体的议题认知一起发挥作用，从而对媒介及媒介的报道做出理解、感知与评价。

本研究通过对受众的调查发现，作为信息获取和储存的新闻认知，其过程的重要特征是个体所具有的选择性，即选择性注意和选择性记忆。由于海量信息的冲击，作为受众的个体很难在诸多信息中一一记住所接触到的所有信息，只能选择性注意到具有特殊刺激特征和高度相关的信息，并记住高度相关的信息。

传播学者施拉姆曾经说过："所有的参与者都带有一个装得满满的生活空间——固定的和存储起来的经验——进入这种传播关系，人们根据这些经验来阐释他所得到的信号和决定怎样来回答这些信号。"③施拉姆所说的这种"生活空间"就是受众的认知结构，是受众认知社会问题的基础。对于社会生活当中的任何议题，受众具有因其性别角色、教育水平、利益牵涉、伦理倾向、审美趣味等影响而形成的"预存立场"（predisposition），这些预设的立场成为受众选择性注意和选择性记忆的前提。在科学信息的传播过程中，受众对

---

① Perloff R M. Ego-Involvement and the Third Person Effect of Televised News Coverage[J]. Communication Research, 1989, 16(16): 236–262.

② Ariyanto A, Hornsey M J, Gallois C. Group Allegiances and Perceptions of Media Bias[J]. Group Processes & Intergroup Relations, 2007, 10(2): 266–279.

③ 威尔伯·施拉姆，威廉·波特著. 何道宽译. 传播学概论第二版[M]. 中国人民大学出版社，2010, 45.

科学传播中的"选择性"并没有消失,这种选择在媒介内容的接收与评价中扮演着重要的角色。可以说,先入之见的认知结构和预存的立场是受众认知转基因议题、评价新闻媒介、解读新闻信息的基础。了解受众对于新闻的认知和新闻偏见的感知无法将受众的认知结构等先入之见和信息选择等过程割裂开。

在具有批判性意义的文化研究中,也曾就受众的信息理解方式提出解读的能动性:对于同样的信息,受众具有不同的解码方式。作为新闻信息的解读主体而言,其对信息的解读不仅伴随着社会文化的整体氛围的影响,更无法离开本身的先入之见。借用斯图亚特·霍尔在文化研究的"编码/解码"理论,信息通过传播渠道传送出去后,编码者便已经失去了控制权,受众根据其自身的语言环境进行解读。霍尔也曾解释道,受众对信息的解读还有更深层次的社会、文化和历史等原因的影响,受众对信息的解读具有偏好、对抗或协商的不同解读方式,并且这三种模式也不是绝对孤立或者分离的。

在转基因议题的新闻传播中,对于争议性议题的解读既无法脱离社会、文化、历史的宏观环境,也无法回避新闻媒介和媒介报道的中层原因,更不能忽视受众对议题和新闻报道的微观认知。在转基因新闻的生产中,意义的产生伴随着从生产到消费时的所有协商,即科学家与记者的协商、记者与编辑的协商、科学信息与新闻价值的协商、受众对信息理解时的协商。针对同一个具有争议的问题,具有不同意识形态和立场的受众,会有不同的解读偏好。

三、减少敌意媒体效果的路径

可以说,受众的敌意媒体效果来自个体对两个问题的认知影响,即对议题的认知与对媒介的认知。根据这两个不同层面的认知需求,对受众而言,需要具备的是了解议题本身的知识和了解媒介的知识。在本研究当中,受众对于转基因新闻报道的感知需要其具备理解转基因议题的科学知识,以及了解媒介内容所需要的媒介知识。因此，对转基因科学议题的媒介偏见感知和敌意媒体效果的降低，也应该从议题的路径和媒介的路径着手，只有具备了这两个维度的知识，才能够从根源上保证受众理解科学议题，使其能够客观地评价新闻报道与媒介偏见。

（一）路径一：科学理解基础——科学素养

作为科学议题的受众，提升科学素养是基础。在本研究中，争议性转基因议题，不同立场的持有者产生了不同的媒介偏见感知与评价。在不同的偏见感知方向的影响又导致其对于转基因议题的态度和意见极化。议题的意见交流意愿和纠正意愿的提升和意见表达的小圈子化同时出现。极化的意见与限于群体内的循环交流不利于形成科学议题的理性对话平台与参与机制。因此，降低和减少意见极化的可能性，减少敌意媒体效果带来的负面影响，使具有极化态度的公众趋于理性的评价和理解媒介内容则显得极为重要。

以转基因技术等科学议题的传播为例，形成有效的公众对话平台与对话机制就要求公众能够针对同一属性的问题做出有效的讨论，而非情绪化的争论。而有效讨论的对象是科学议题本身，讨论的内容应该包括科学知识、科学技术、科学方法和科学技术可能为社会带来的效果，同时也反对完全迷信于科学技术本身。因此，对于转基因等科学议题的讨论就需要公众具备基本的科学素养。

"科学素养"概念，由米勒（Jon D. Miller）于1983年提出。[1]Miller认为科学素养包含了四个基本要素：第一，是对教科书基础科学的认识；第二，理解方法，例如概率推理和实验设计；第三，理解科学和技术对社会带来的正面结果；第四，拒绝"迷信"。科学素养是对科学问题的认识基础。

具备基本的科学素养，对于转基因等科学议题的认识具有以下意义：

---

① Bauer M W. Survey research and the public understanding of science. handbook of public communication of science & technology [M]. Routledge, 2008.

首先，科学素养是就科学议题进行对话的基础。科学传播当中的对话涉及科学工作者、记者、受众和政策制定者多方。关于议题的对话不能仅停留于同一属性的人群之中，而是应该在不同属性的群体之间进行流动，唯有"交流"和"沟通"才能形成良性循环，共同促进科学技术的发展，使之真正有益于社会进步。

其次，科学素养是受众参与科学议题的能力。目前，社会学、政治学和传播学领域的研究者分别对受众应该在类似转基因等科学议题传播过程中具备的科学知识进行了研究，均认为科学知识对于转基因等议题的认知和传播具有重要意义。例如，有研究指出，转基因等议题的科学知识的掌握程度与人们对科学总体上的支持呈正相关。[①] 对于科学议题，公众参与的基础是科学素养，而公众科学素养的欠缺是造成科学议题传播和交流的巨大阻力。

本研究中，在出现敌意媒体效果的受众当中，部分受众的科学知识欠缺与他们对转基因议题的关注度提升的状态之间形成了一个巨大的矛盾。这就使得转基因等议题的科学信息和科学知识普及就很难真正行之有效。在面对新的转基因议题的报道时，媒介报道容易激活个体原有的认知基模，固化的印象成为公众评价新闻报道的信息提取库和评价标准，使人本能地与自己既有的态度进行对比，如果媒介报道与自己原有的知识储备观点相反或者不利于原有的观点，多数人对于媒介信息进行消极回避，很难形成新的认知，对持有强烈态度的人而言，更会感知到媒介对自己一方存在的敌意。

可以说，科学素养之所以是公众了解转基因议题的知识和公众对科学议题报道的认知基础，主要在于，尽管科学知识和科学素养本身可能并不能完全改变受众对于某一争议科学议题的态度，但是提升科学素养有利于受众参与科学议题的理性讨论。

早在 20 世纪 60 年代，国外已经开始对受众的科学素养进行相对系统的

---

① 范敬群，贾鹤鹏 . 极化与固化：转基因 "科普" 的困境分析与路劲选择 . 中国生物工程杂志 [J]. 2015，35（6）：124-130.

研究，并且在不同的科学传播范式下，形成了不同的科学素养研究的重点与解决问题的方法路径。而我国针对科学素养的研究起步较晚，对于公众科学素养的提高方式也主要依赖于学校。因此，对于离开学校的其他社会成员来说，科学素养的教育途径更应该由大众媒介、博物馆、科技馆等多种社会组织来完成和承担。但目前尤为凸显和重要的矛盾还在于：从科学传播的研究范式来看，我国的科学传播还整体停留在科普阶段或者是公众理解科学阶段，但是受众一方已经因为转基因等议题的社会性，在个别事件的传播过程中进入了参与阶段。在受众科学素养储备、受众科学议题参与和媒介的科学传播之间存在巨大的张力。一方面是受众对于科学信息透明度和科学进步的要求，一方面是受众科学素养还未充分赋予其参与科学议题公共事务的能力。

科学素养的目的不单是为转变公众对科学议题所持的态度，而是要赋予受众以评价的能力和理性的思考，以科学本身的标准作为评价标准。从这个角度而言，对受众科学素养的提高仍然对于科学议题的理解有积极的意义。只有在了解科学议题的基础上，运用理性的评判标准，才能对其选择合理的立场和态度，并且对媒介的科学报道做出合理的评价，对科学争议进行理性的对话。

（二）路径二：媒介认知基础——媒介素养

对于媒介偏见的评价，需要受众对新闻内容及媒介本身具备一定的认知基础，因此，提高受众的媒介素养是降低其媒介偏见感知的关键。

以往对媒介素养教育的定义主要集中于如何促进受众去分析和解构媒介信息，使他们能够了解媒介信息的生产过程和信息的结构。[1]就这一内涵而言，很多研究者认为进行媒介素养教育的目的是为了让受众了解媒介信息，在消费和使用媒介信息的时候以批评的眼光来分析媒介信息的内容和可信度。因

---

[1] Hobbs R, Frost R. Measuring the acquisition of media-literacy skills[J]. Reading Research Quarterly, 2003, 38(3): 330-355.

此，受众是否会批判地看待媒介信息是媒介素养教育当中强调较多的部分。但是 Mihailidis 认为，媒介素养还应该聚焦于受众的公民身份与教育，不仅仅要强调受众对媒介信息的批判，还应该强调受众对媒介角色与自我参与的理解，了解媒介信息的生产传播对社会的意义，了解个人参与对社会的意义。[①]

另外，让受众理解媒介信息生产过程和媒介机构的目的，是为了让他们知道专业化的媒介生产的信息不以个人意志为转移，媒介信息的生产并不仅仅受到记者个人态度和观点的影响，而是一个组织化的生产过程。其约束与把关保证了媒介信息的可信度高于个人生产的媒介信息，从而减少受众对于专业化媒体的偏见评价与敌意感知。

Emily K Vraga 等研究者以生物能源为议题，通过实验法研究发现，增加受众的媒介素养训练，能够提高受众对新闻可信度的评价，增强受众对媒介的信任，使他们认为媒介报道的是关于议题的不同意见，而不是偏向于某一方，进而减少了受众对媒介评价的敌意媒体感知。[②]受众对于媒介的社会功能和角色的理解，有利于受众对媒介可信度的增加。

对于受众进行的媒介素养教育，其首要目的是增进受众对多元意见的接受。对议题拥有极端看法的受众一般较难接受与自己的观点不同，因此可能在信息的接收与传播当中，拒绝其他角度的观点。因此，提高受众的媒介素养，主要目的在于增加受众理性地使用信息、理性地评价不同观点的可能。即赋予受众一种理解媒介、理解信息的能力，从而增加对其他意见和观点的了解与包容，促进不同观点之间的交流与对话。

其次，提高媒介素养的目的在于提高受众对媒介信息的辨别能力。无论面对何种新闻话题，新闻信息的流动都具有关键作用。但是随着网络和社会

① Mihailidis P. Beyond Cynicism: How Media Literacy Can Make Students More Engaged Citizens[D]. Dissertations & Theses-Gradworks, 2008.

② Vraga E K, Tully M, Akin H, et al. Modifying perceptions of hostility and credibility of news coverage of an environmental controversy through media literacy[J].Journalism, 2012, 13(7): 942-959.

化媒体的发展，受众对信息的可选择性显著增多，进而形成了复杂的传播环境。对受众进行媒介素养教育的目的是为了赋予受众一种能力，即辨别的能力。例如，社会化媒体当中未经核实的谣言和负面信息的流动降低了受众对专业媒体的信任，认为专业媒体可能因各种外力影响而站在了与自己相反的一方，而非官方色彩的媒体可能拥有更多的消息源而传递了更多有效的信息。诚然，受众的怀疑精神可以促使其追求真相，但是对于专业媒体的质疑降低了受众的信任，造成的直接后果是使其对真实的信息也抱有怀疑的态度，对于未经核实的谣言却信以为真。因此，媒介素养的教育在于赋予受众批判能力的同时，也赋予受众辨别的能力，将批判与理性结合在一起，追求新闻和信息的真实，而非仅仅怀疑式的批判与意义生产。

第三，提高媒介素养的目的在于提高受众的社会责任感。詹姆斯·波特认为，媒介素养具有不同的层次，包括获得知识、学会叙述、经验探索和批判性的欣赏等类型，但是媒介素养的最高阶段应该是受众的社会责任感培养。[①] 认识到个人的决定可以影响社会，个人的行动对于社会有积极的影响。例如，网络当中的极化意见的传播也是一柄双刃剑，其有利的一面是促进了受众对议题关注度提升与后续的行动参与增多，但也有其不利的一面，如负面言论、情绪和意见激化等。因此，提高受众的媒介素养的另一层目的是赋予受众对于社会责任的认知，认识到自己的言论可能带来的正面与负面的效果，将义务与权力相结合，自由表达与社会责任相结合。

总体来说，媒介素养教育作为公民教育的一种必要元素，对受众的信息理解和媒介评价具有积极的意义。但目前为止，我国媒介素养仍然停留于研究与测量方面，缺乏行之有效教育的途径。因此，就媒介素养进行推广与实践仍然是目前我国媒介素养教育亟待完成的课题。

---

① 詹姆斯·波特著．李德刚等译．媒介素养 [M]．北京：清华大学出版社，2012.

四、敌意媒体效果的研究再思考

在敌意媒体效果研究中发现，尽管媒介报道呈现了争议议题当中的双方意见，呈现出技术性上的客观，但是受众对于媒介内容和媒介偏见仍有自己的感知与评价，并出现了敌意媒体效果。这种受众的敌意媒体感知与受众的立场、立场的强烈程度、受众的卷入程度和对信息的可信度感知有关。

与此同时，受众对于媒介内容的偏见感知也出现了第三人效果，认为媒介偏见对自己的负面影响均小于他人，对自己一方的负面影响小于对中立方。这种受众对媒介内容和媒介偏见的感知，往往可能带来意见的极化和固化。这一研究让我们看到了不同受众对新闻倾向的不同感知，也让我们重新思考受众的特质、受众的细分和受众对媒介的评价研究。

第一，相对于媒介的客观呈现而言，受众的感知才是现实。

以往的媒介偏见研究告诉我们，媒介偏见对受众产生了极为复杂的影响，导致刻板印象和受众的认知偏差等多种负面情况的出现。学界的研究者和业界的实践者都在意新闻规范当中客观、中立、全面的标准，要求媒介和新闻工作从业人员最大限度地避免媒介偏见的出现。但是敌意媒体效果的研究告诉我们，在媒介偏见的另一端，受众的感知才是现实状况。尽管新闻生产机构的编辑人员会在职业规范和职业道德的标准之下对新闻记者的工作进行把关，以减少或降低媒介偏见的产生。但是对于部分受众而言，仍然会出现感知偏差，仍然会认为媒介报道具有偏见，并且认为这种媒介偏见会影响到其他人。

尤其在面对类似转基因这样具有一定争议性的议题时，无论媒介报道呈现了转基因议题的哪一方面，都会有受众认为媒介站在了自己的对立面而没有保证新闻的中立、客观。从媒介信息的发出到接收，出现的不仅仅是受众"多义"的解读，而是具有偏差的解读，甚至与大众媒介的传播意图相去甚远。

因此，媒介在对转基因等关乎民众生活、健康和社会事务参与的公共性意义进行报道时，应该考虑到可能出现的受众评价与受众感知，既保证媒介所应该具有的客观、中立与公正，也应该了解受众背后的心理、文化等因素对受众感知的影响，在此基础上制定和调整自己的传播策略。

第二，在受众研究中，不仅考虑受众特征，更要应议题的特殊性而细分受众。

对于不同议题的受众研究和分析而言，基于议题讨论和议题关注而产生的受众群体，其立场各异，标准不同。因此对于受众研究又提出了更加详细的划分要求和标准。

一般而言，"受众"一词是一个笼统的概念，是大众媒介信息的接收一方，受众的教育水平、性别、宗教信仰、群体身份和政治立场等都会影响其对媒介信息和媒介偏见的评价。

例如，在此次敌意媒体感知的研究中，受众在转基因议题关注过程中呈现出支持转基因、反对转基因和中立的三种的立场。如果继续对这三种立场进行分析，则会发现在支持转基因和反对转基因的受众当中也存在极度反对或支持、轻微反对或支持的立场。不同立场的受众面对同一类信息往往会产生不同的认知结果。

而不同立场的受众对同一个问题的价值观念、卷入程度、卷入类型和知识水平都有所差异，这些差异往往是针对议题进行评价的标准。而在敌意媒体效果产生的机制研究中，受众对于同一问题的"不同的标准"是导致受众对问题认知多样化的内在原因。因此，受众研究需要更加细致的分类和多元的方法。

第三，媒介议程设置依然是受众参与议题的外在动力。

对受众意见表达动力的研究发现，受众话题参与的外在推动力仍来源于媒体及媒体的报道。媒介设置的议程使受众了解并关注到议题，从而引发不同立场的人对议题进行评述与表达。

　　此外，敌意媒体效果的出现，从另一个研究角度告诉我们，受众对议题的意见表达来源不仅仅是议题本身，虽然这种意见的出现仍然源自媒体，但也有可能是针对媒介偏见报道的一种行为性反应。如果受众认为媒介报道的内容与自己的观点不符，甚至站在了自己的对立一面，则有可能产生情绪上的反应与想要"纠正"的意愿。因此，在情绪或"完善"的目的指引之下，受众参与到意见表达的行为当中，从而形成舆论。从这一点而言，舆论既始于事件或议题本身，也源于受众对媒介报道和媒介报道偏见的感知。

　　第四，受众的主动性与选择性不仅体现在媒介信息的解读方面，也体现在对媒介偏见的感知层面。

　　在传播学的受众主动性研究当中，对于受众的内容解读和"主动性"的思考也一直都受到关注与热议。霍尔曾提出受众的"编码／解码"的理论，认为受众对于内容的解读会产生不同的方向，受众不仅向内容妥协，也能够反向地进行对抗性解读。敌意媒体效果研究的目光不仅仅聚焦于受众对于新闻内容的解读和再生产方面，而是将研究的重点放置于受众对新闻偏见的解读和再生产方面。发现受众对于媒介的内容的解读不仅出现了反向的解读，甚至在对媒介偏见的感知当中也进行了反向的解读与反应。

　　此外，与受众自主性相关，在拉扎斯菲尔德、贝雷尔森和考德尔1944年的文献中就谈道：人们倾向于选择强化自己观点的媒介内容，回避可能挑战其信念的内容。在20世纪50年代起人们对受众的选择性接触展开了讨论，对受众在不一致信息当中展现出的防御性回避仍然很乐观，特别是学界依然将它界定为对不一致信息的"低度注意"而不是"完全谢绝"。而敌意媒体效果研究证明，这一现象的出现不仅告诉了我们受众对于新闻偏见的选择性认知，更提示我们：受众对于媒介新闻和媒介偏见的偏向性解读不再是对与之立场不同的信息的"低度注意"，甚至也有可能出现对不一致信息的"完全谢绝"的抵抗解读和对立行动。

　　具体到此次研究中，值得注意的是受众的这种主动性与选择性，与其卷入和媒介使用相关。① 在媒介内容的认知和解读中，受众的使用和卷入都被考虑在内，而受众的选择性则较少被关注，但在受众的媒介偏见感知研究当中，受众的选择和卷入则变成了重要考虑要素，基于其立场的选择和议题的卷入都成为敌意感知分析的关键。

不难解释的是，在受众的卷入层面，受众对于议题的卷入程度是决定其是否会对媒介报道进行主动关心、评价、纠正和参与的基础。就受众的选择性而言，选择性是受众的敌意媒体感知产生的心理机制与原因。受众的选择性在社会心理学、社会学和传播学当中都证明被存在，包括受众的选择性接触、选择性评价和不同的标准，这三方面被用来解释受众为什么能够产生不同的认知，以及为什么会做出不同的评价。例如，人们对负面消息的关注和记忆是人生存的本能，对于转基因新闻报道的记忆，受众首先选择性地记住对自己不利的信息，因此，使之成为脑海中最容易提取的线索。而受众对其他事物的评价，首先会根据自己的记忆，其次是根据自己的标准。赋予相同的信息以不同的解释。受众既会偏向于喜好自己所属的群体和所在立场的信息，也意味着可能对媒介的报道做出有倾向的评价和对抗性的解读。

可以说，受众不仅依靠自己的经验、背景、态度、知识来解读媒介和外界信息，也以此来评价媒介偏见。从这两个层面而言，受众的主动性不仅是受众"解码"新闻信息的基础，也是再造媒介偏见意义的心理因素。

五、研究的局限与未来研究之路

首先，对于本研究而言，在样本选择方面存在局限性。由于本文设计的议题是转基因，因此需要受众对科学新闻和科技议题具有一定的关注与解读的能力，因此选择了以大学生为研究对象。在敌意媒体效果的测量、受众意

① 陈阳."主动的受众"之再思考：美剧与当代中国青年的国族意识 [J]. 国际新闻界，2015，6：6-24.

见表达的测量方面，未检测到人口学特征对敌意媒体效果的影响。虽然作为议题的受众，以议题和事件的立场与卷入精细划分的受众是本文研究的基础与前提，但也对研究所采用的样本具有一定局限性。

其次，在此次调查分析中，研究方法存在一定局限性。在敌意媒体效果的研究中，对敌意媒体效果的感知一般以实验法和问卷法两种方法为主。由于考虑到研究的可行性，本文在研究中采用了后一种。作为实验法，能够通过更直接的实验条件的控制和实验材料的刺激，获得更精确的研究数据。在此次研究中未使用的研究实验法等研究方法也是未来深入研究时可补充的重点方面。

总体而言，在未来研究方面，本课题可以通过以下几个方面入手：

增加研究议题的多样化与对比。本研究所采用的是转基因这一课题，以此检测了不同立场的受众对于转基因议题产生的敌意媒体效果。而在未来，研究可以拓展到不同的研究议题中。这种议题的拓展，不仅仅是为了简单地重复检测敌意媒体效果是否存在，而是为了交叉和对比，在同一组人群当中，对媒介偏见的评价是因议题产生还是因本身所具有的个人认知结构等因素产生。因此，议题的拓展与交叉对比分析是未来研究的一种可能。

注重对"相对敌意媒体效果"的检测。本研究所采用的阅读材料是结构性中立的阅读材料，既分析与评价新闻材料的转基因报道也结合受众对以往转基因报道的认知，但总体上是以受众对客观新闻的评价为主。在未来研究中，本研究将拓展到受众对本身具有结构性偏见的内容认知和评价方面，研究分析受众对于具有倾向性的内容是否仍会出现敌意媒体效果，分析受众对于具有倾向性的内容是否会出现"相对的敌意媒体效果"。

增强人口学因素的影响讨论。在未来的研究中可以更多地讨论性别、收入、教育等人口学因素对于敌意媒体效果的影响。在此次研究中，因为经费和可行性问题而只考虑涉及了高校在校生，但是对于敌意媒体效果而言，议题受众在议题认知和媒介认知之外的教育、收入和社会背景等造成了受众对议题和媒介的不同认知，因此对于拓展不同的人群，了解人群背后的心理特征和他们所具有的特点是否会造成敌意媒体效果出现将是本研究未来的方向之一。

纳入群体身份的分析。本研究讨论了受众立场对专业媒体转基因议题报道的感知与评价。而在议题立场之外，缺乏对受众身份因素的讨论，缺乏对群体内部信息和群体外部信息评价与分析。在未来研究中，可以多考虑受众的群体身份与信息来源之间的关系，将群体身份纳入未来研究的方向上。

拓展改变研究方法。问卷调查法和深度访谈是受众研究采用较多的方法，在敌意媒体效果的研究当中，研究者对于控制实验条件下，选择不同的刺激材料进行分析的方法运用相对较多，在未来，本研究也可以利用诸如实验法等研究方法，采用不同的议题，深入了解个人对媒介偏见的评价与敌意媒体效果的感知。

讨论人际影响。本研究分析了受众个体对于敌意媒体效果的感知，但是作为社会性的个体，对人与人之间的交流是否会导致敌意媒体效果出现未有分析，因此，对于个体之间的影响是否会造成敌意媒体效果也是未来的研究方向之一。

参考文献

中文文献

（一）论文

陈刚 . "不确定性"的沟通："转基因论争"传播的议题竞争、话语秩序与媒介的知识再生产 [J]. 新闻与传播研究，2014，021（007）：17–34.

陈红梅 . 网络传播与公众表达 [D]. 复旦大学，2005.

陈阳 . "主动的受众"之再思考：美剧与当代中国青年的国族意识 [J]. 国际新闻界，2015，6：6–24.

范敬群，贾鹤鹏 . 极化与固化：转基因"科普"的困境分析与路径选择 . 中国生物工程杂志 [J]. 2015，35（6）：124–130.

胡翼青 . 传播研究本土化路径的迷失——对"西方理论，中国经验"二元框架的历史反思 [J]. 现代传播 – 中国传媒大学学报，2011（4）：34–39.

黄时进 . 论科学传播受众的网络时代特征——基于布尔迪厄场域理论的视角 [J]. 学术界，2008，2：79–83.

李正伟，刘兵 . 公众理解科学的理论研究：约翰·杜兰特的缺失模型 [J]. 科学对社会的影响，2003，3：12–15.

廖圣清 . 上海市民的意见表达及其影响因素研究 [J]. 新闻大学，2010，2：41–49.

林素真 . 第三人效果：社会向下比较过程的自利偏差 [J]. 新闻学研究 .

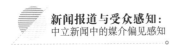
2013，7：1–46.

刘华杰.整合两大传统：兼谈我们所理解的科学传播 [J]. 南京社会科学，2002，10：15–20.

潘忠党.互联网使用和公民参与：地域和群体之间的差异以及其中的普遍性 [J]. 新闻大学，2012，6：42–53.

王大鹏，李颖.从科普到公众理解科学及科学传播的转向——以受众特征的变迁为视角 [J]. 新闻记者，2015，9：79–83.

王润泽，丁学梅.互联网：民意表达新通道 [J]. 国际新闻界，2004，4：49–53.

吴幸泽.基于感知风险和感知利益的转基因技术接受度模型研究——以转基因食品为例的实证分析 [D]. 中国科学技术大学，2013.

薛可，邓元兵，余明阳.一个事件，两种声音：宁波 PX 事件的中英媒介报道研究——以人民网和 BBC 中文网为例 [J]. 新闻大学，2013，1：32–38.

闫岩，周树华.媒体偏见：客观体现和主观感知 [J]. 传播与社会学刊，2014，30：227–264.

叶宁玉，王鑫.从若干公共事件剖析网络群体极化现象 [J]. 新闻记者，2012，01：46–51.

苑举正.2012.科学传播、风险与怀疑论 [J]. 现代哲学，2007，4：87–92.

詹正茂，舒志彪.大众传媒对院士科学传播行为的影响分析 [J]. 华中科技大学学报（社会科学版），2008，22（5）：63–67.

张婷，郑保章，王续琨.电子媒体时代的科学传播 [J]. 新闻界，3：16–18.

张燕.Web2.0 时代的网络民意表达 [J]. 新闻界，2009，4：48–50.

周葆华.突发公共事件中的媒体接触、公众参与政治效能——以"厦门 PX 事件"为例的经验研究 [J]. 开放时代，2011，5：123–140.

周葆华.新媒体与中国新生代农民工的意见表达——以上海为例的实证研究 [J]. 当代传播，2013，（2）：41–44.

周树华，闫岩．敌意媒体理论：媒介偏见的主观感知研究 [J]. 传播与社会学刊，2012，22：187-212.

周树华，闫岩．媒体可信度研究：起源，发展，机会和挑战 [J]. 传播与社会学刊 2015，33：255-297.

（二）专著

Klaus Bruhn Jensen 等著．陈玉箴译．媒介与传播研究方法指南 [M]. 韦伯文化国际出版有限公司，2005.

W. 兰斯·班尼特，著．新闻：政治的幻象．杨晓红，王家全译 [M]. 当代中国出版社，2005.

赛佛林，坦卡德，著．郭镇之主译．传播理论：起源、方法与应用 [M]. 中国传媒大学出版社，2006.

爱弥儿·涂尔干著．渠东，汲喆译．宗教生活的基本形式 [M]. 上海人民出版社，1999.

保罗·F.拉扎斯菲尔德、罗纳德·贝雷尔森、黑兹尔·高德特著．唐茜译．展江、彭桂兵，校．人民的选择：选民如何在总统竞选中做决定 [M]. 中国人民大学出版社，2012.

贝尔纳．科学的社会功能 [M]. 商务印书馆，1982.

陈向明．质的研究方法与社会科学研究 [M]. 教育科学出版社，2000.

丹尼斯·麦奎尔著．崔保国，李琨译．麦奎尔大众传播理论 [M]. 清华大学出版社，2010.

甘斯．什么在决定新闻 [M]. 北京大学出版社，2009.

加布里埃尔·A.阿尔蒙德，西德尼·维巴．公民文化：五个国家的政治态度和民主制度 [M]. 东方出版社，2008.

理查德·克里斯普，里安农·特纳，等．社会心理学精要 [M]. 北京大学出版社，2008.

理查德·韦斯特，林恩·H·特纳.传播理论导引：分析与应用 [M].中国人民大学出版社，2007.

刘海龙.大众传播理论：范式与流派 [M].中国人民大学出版社，2008.

斯图尔特·艾伦.媒介、风险与科学 [M].北京大学出版社，2014.

威尔伯·施拉姆，威廉·波特著.何道宽译.传播学概论 第二版 [M].中国人民大学出版社，2010.

伊丽莎白·诺尔–诺依曼著.董璐译.沉默的螺旋：舆论——我们的社会皮肤 [M].北京大学出版社，2013.

喻国明，编.张洪忠，著.大众媒介公信力理论研究 [M].人民出版社，2006.

詹姆斯·波特著.李德刚等译.媒介素养 [M].北京：清华大学出版社，2012.

詹姆斯·科伦.重新评估大众传播研究中的新修正主义.博伊德–巴雷特编.媒介研究的进路 [M].新华出版社，2004.

周葆华.效果研究：人类传受观念与行为的变迁 [M].复旦大学出版社，2008.

英文文献

（一）论文

Abel J D, Wirth M O. Newspaper vs. TV Credibility for Local News[J]. Journalism Quarterly, 1977, 54(2): N/A.

Ann E. Williams. Trust or Bust?: Questioning the Relationship Between Media Trust and News Attention[J]. Journal of Broadcasting & Electronic Media, 2012, 56(1): 116–131.

Ariyanto A, Hornsey M J, Gallois C. Group Allegiances and Perceptions of Media

Bias[J]. Group Processes & Intergroup Relations, 2007, 10(2): 266–279.

Arpan L M, Nabi R L . Exploring Anger in the Hostile Media Process: Effects on News Preferences and Source Evaluation[J]. Journalism & Mass Communication Quarterly, 2011, 88(1): 5–22.

Arpan, L. M., & Raney, A. A. An experimental investigation of news source and the hostile media effect. Journalism & Mass Communication Quarterly, 2003, 80(2): 265–281.

Balch, GI.Multiple Indicators in Survey Research: The Concept 'Sense of Political Efficacy. Political Methodology[J]. 1974, 1(1), 1–43.

Barnidge M, Rojas H. Hostile Media Perceptions, Presumed Media Influence, and Political Talk: Expanding the Corrective Action Hypothesis[J]. International Journal of Public Opinion Research, 2014, 26(2): 135–156.

Borah P, Thorson K, Hwang H. Causes and Consequences of Selective Exposure Among Political Blog Readers: The Role of Hostile Media Perception in Motivated Media Use and Expressive Participation[J]. Journal of Information Technology & Politics, 2015, 12(2): 186–199.

Brubaker P J . Do you see what I see? An examination of hostile media perceptions online.[D]. The Pennsylvania State University. 2012.

Campbell A , Gurin G , Miller W E . The Voter Decides[J]. American Sociological Review, 1954, 19(6).

Chan J M, Zhou Baohua. Expressive behaviors across discursive spaces and issue types[J]. Asian Journal of Communication, 2011, 21(2): 150–166.

Chia S C. How Authoritarian Social Contexts Inform Individuals' Opinion Perception and Expression[J]. International Journal of Public Opinion Research, 2013, 26(3): 384–396.

Choi J, Yang M, Chang J J. Elaboration of the Hostile Media Phenomenon The

Roles of Involvement, Media Skepticism, Congruency of Perceived Media Influence, and Perceived Opinion Climate[J]. Communication Research, 2009, 36(1): 54–75.

Christen, C. T., Kannaovakun, P., & Gunther, A. C. Hostile media perceptions: Partisan assessments of press and public during the 1997 united parcel service strike. Political Communication, 2002, 19(4), 423–436.

Cohen J, Mutz D, Price V, et al. Perceived Impact of Defamation: An Experiment on Third–Person Effects[J]. Public Opinion Quarterly, 1988, 52(2): 161–173.

Collins A M, Loftus E F. A Spreading Activation Theory of Semantic Processing[J]. Psychological Review, 1975, 82(6): 407–428.

Craig S C, Maggiotto M A. Measuring Political Efficacy[J]. Political Methodology, 1982, 8(3): 85–109.

Davidson W P. The third person effect in communication. Public Opinion Quarterly, 1983, 47, 1–15.

Domke D, MD Watts, Shah D V, et al. The Politics of Conservative Elites and the 'Liberal Media' Argument[J]. Journal of Communication, 1999, 49(4): 35–58.

Entman R M. Framing Bias: Media in the Distribution of Power[J]. Journal of Communication, 2010(1):163–173. Williams A. Unbiased Study of Television News Bias[J]. Journal of Communication, 2010, 25(4): 190–199.

Feldman L, Hart P S, Leiserowitz A, et al. Do Hostile Media Perceptions Lead to Action? The Role of Hostile Media Perceptions, Political Efficacy, and Ideology in Predicting Climate Change Activism[J]. Communication Research, 2015, 1: 1–26.

Giner–Sorolla R, Chaiken S. The Causes of Hostile Media Judgments[J]. Journal of Experimental Social Psychology, 1994, 30(2): 165–180.

Glenn J. Hansen, Hyunjung Kim. Is the Media Biased Against Me? A Meta–Analysis of the Hostile Media Effect Research[J]. Communication Research Reports, 2011, 28(2): 169–179.

Glynn C J, Park E. Reference group, opinion intensity, and public opinion expression[J]. International Journal of Public Opinion Research, 1997, 9(3): 213–23

Gunther A C, Christen C T. Projection or Persuasive Press? Contrary Effects of Personal Opinion and Perceived News Coverage on Estimates of Public Opinion[J]. Journal of Communication. 2002, 3: 177–195

Gunther A C, Liebhart J L. Broad Reach or Biased Source? Decomposing the Hostile Media Effect[J]. Journal of Communication, 2006, 56(3): 449 – 466.

Gunther A C, Miller N, Liebhart J L. Assimilation and Contrast in a Test of the Hostile Media Effect[J]. Communication Research, 2009, 36(6): 747–764.

Gunther A C, S Chih–Yun Chia. Predicting Pluralistic Ignorance: The Hostile Media Perception and its Consequences[J]. Journalism & Mass Communication Quarterly, 2001, 78(4): 688–701.

Gunther A C, Schmitt K. Mapping Boundaries of the Hostile Media Effect[J]. Journal of Communication, 2004, 54(1): 55–70.

Gunther A C. Biased Press or Biased Public? Attitudes Toward Media Coverage of Social Groups[J]. Public Opinion Quarterly, 1992, 56(2): 147–167.

Hansen G J , Kim H . Is the Media Biased Against Me? A Meta–Analysis of the Hostile Media Effect Research[J]. Communication Research Reports, 2011, 28(1–4): 169–179.

Hart P S, et al. .Extending the Impacts of Hostile Media Perceptions: Influences on Discussion and Opinion Polarization in the Context of Climate Change[J]. Science Communication, 2015, 37(4): 506–532.

Hayes A F, Glynn C J, Shanahan J. Validating the Willingness to Self–Censor Scale: Individual Differences in the Effect of the Climate of Opinion on Opinion Expression[J]. International Journal of Public Opinion Research, 2005, 17(4): 443–455.

Hayes A F, Glynn C J, Shanahan J. Willingness to Self-Censor: A Construct and Measurement Tool for Public Opinion Research[J]. International Journal of Public Opinion Research, 2005, 17(3): 298–323.

Hobbs R, Frost R. Measuring the acquisition of media-literacy skills[J]. Reading Research Quarterly, 2003, 38(3): 330–355.

Hwang H, an Z, Sun Y. Influence of Hostile Media Perception on Willingness to Engage in Discursive Activities: An Examination of Mediating Role of Media Indignation[J]. Media Psychology, 2008, 11(1): 76–97.

Iyengar S. Trust, Efficacy and Political Reality: A Longitudinal Analysis of Indian High School Students[J]. Comparative Politics, 1980, 13(1): 37–51.

Johnson, T. J., & Kaye, B. K. Cruising is believing? Comparing Internet and traditional sources on media credibility measures[J]. Journalism and Mass Communication Quarterly, 1998, 75(2), 325–340.

Lord C G, Ross L, Lepper M. Biased assimilation and attitude polarization: The effects of prior theories on subsequently considered evidence[J]. Journal of Personality and Social Psychology, 1979, 37, 2098–2109.

Mazur A. Media Coverage and Public Opinion on Scientific Controversies[J]. Journal of Communication, 2010, 31(2): 106–115.

Mcleod D M, Detenber B H, Eveland W P. Behind the Third-Person Effect: Differentiating Perceptual Processes for Self and Other[J]. Journal of Communication, 2001, 51(4): 678–695.

Mihailidis P. Beyond Cynicism: How Media Literacy Can Make Students More Engaged Citizens[D]. Dissertations & Theses-Gradworks, 2008.

Newhagen, J., & Nass, C. Differential criteria for evaluating credibility of newspapers and TV news[J]. Journalism Quarterly, 1989, 66(2), 277–284.

Oliver M B, Yang H, Ramasubramanian S, et al. Exploring Implications of

Perceived Media Reinforcement on Third-Person Perceptions[J]. Communication Research, 2008, 35(6): 745-769.

Paek H J, Pan Z, Sun Y, et al. 2005. The third-person perception as social judgment: An exploration of social distance and uncertainty in perceived effects of political attack ads. Communication Research, 32: 143- 170.

Perloff R M. Ego-Involvement and the Third Person Effect of Televised News Coverage[J]. Communication Research, 1989, 16(16): 236-262.

Price V, Huang L, Tewksbury D. Third-person effects of news coverage: Orientations toward media. Journalism and Mass Communication Quarterly, 1997, 74(3): 525-540.

Reid S A. A Self-Categorization Explanation for the Hostile Media Effect[J]. Journal of Communication, 2012, 62(3): 381-399.

Riley M W, Hovland C I , Janis I L , et al. Communication and Persuasion: Psychological Studies of Opinion Change[J]. American Sociological Review, 1953, 19(3): 355-357.

Rojas H. "Corrective" Actions in the Public Sphere: How Perceptions of Media and Media Effects Shape Political Behaviors[J]. International Journal of Public Opinion Research, 2010, 22(3): 343-363.

Salisbury D F. Colleges and universities, in Blum D, Knudson M. A Field Guide for Science Writers: The Official Guide of the National Association of Science Writers[J]. Oxford University Press. 1997.

Schmitt K M.Why partisans see mass media as biased[J].Communication Research, 2004, 31(6): 623-641.

Tsfati Y. Hostile Media Perceptions, Presumed Media Influence, and Minority Alienation: The Case of Arabs in Israel[J]. Journal of Communication, 2007, 57(4): 632-651.

Tsfati Y, Cohen J. Democratic Consequences of Hostile Media Perceptions: The Case of Gaza Settlers[J]. International Journal of Press/politics, 2005, 10(4): 28–51.

Tsfati Y. Does audience skepticism of the media matter in agenda setting? [J] Journal of Broadcasting and Electronic Media, 2003a, 47(2): 157–176.

Tsfati Y. Media skepticism and climate of opinion perception. [J] International Journal of Public Opinion, 2003b,15(1): 65–82.

Vallone R P, Ross L, and Mark R.Lepper.The hostile media phenomenon: Biased perception and perception of media bias in Coverage of the beirut Massacre [J].Journal of Personality & Social Psychology, 1985 ,3: 577–585.

Vraga E K, Tully M, Akin H, et al. Modifying perceptions of hostility and credibility of news coverage of an environmental controversy through media literacy[J]. Journalism, 2012, 13(7): 942–959.

Williams A E. Trust or Bust? Questioning the Relationship Between Media Trust and News Attention[J]. Journal of broadcasting & electronic media, 2012, 56(1): 116–131.

（二）专著

Babbie E. The practice of social research（英文版）[M]. 清华大学出版社，2007.

Bauer M W . Survey research and the public understanding of science. handbook of public communication of science & technology [M]. Routledge, 2008.

Bowater L, Yeoman.Science Communication:A Practical Guide for Scientists [M]. Wiley–Blackwell, 2013.

Roskos–Ewoldsen D R, Klinger M R, Roskos–Ewoldsen B. Media Priming: A Meta–Analysis. Mass Media Effects Research: Advances Through Meta–Analysis[M]. Lawrence Erlbaum Associates, 2007, 57.

附录 A 转基因新闻与个人意见表达调查问卷

尊敬的同学：

您好！非常感谢您能参与此次问卷调查。此次调查是为了研究大学生的科学新闻评价与科学传播参与行为，不存在商业用途，不会泄露个人隐私。整个问卷设计的题目无对错之分，无须署名。在此，万分感谢您的参与！

性别：男□   女□

年龄：

学历：本科□   硕士□   博士□

所学专业：

生源地：

第一部分 媒介使用与科学信息获取

1. 您一般从什么渠道获取转基因相关知识？

（1）讲座、授课（2）实验室（3）大众媒介（4）科技展览（5）其他

2. 您是通过什么途径获得转基因新闻信息？

（1）报纸   （2）电视 （3）广播   （4）网络   （5）周围人

3.您获取转基因新闻的网络媒体是什么？

（1）《人民》等党政机关类媒体网站

（2）《南方都市报》等媒体旗下网站

（3）《中国科技网》等专业媒体网站

（4）新浪、搜狐、网易等商业门户网站

（5）果壳网等泛科技类网站

4.请对您在过去接触转基因新闻信息的频率做出选择：

（1）每周基本浏览 1 次　　　（2）每周基本浏览 2 次

（3）每周基本浏览 3 次以上　　　（4）无固定次数，有需要时再看

（5）无固定次数，浏览新闻时出现就看

5.请对您过去参与转基因信息传播的方式做出选择：

（1）从不参与　　　（2）与周围人谈论　　　（3）论坛发帖回帖

（4）网络新闻评论　　　（5）微博发送或转发　　　（6）微信发送或转发

（7）参与线下科普宣传活动　　　　　（8）其他

6.您是通过什么渠道获知其他人对转基因议题的态度的？

（1）与周围人聊天　　　（2）新闻报道　　　　　（3）网络新闻评论

（4）网络论坛　　　（5）微博等社会化媒体　（6）微信等社交媒体

第二部分　转基因议题态度

1.请选择您关注转基因议题的主要原因：

（1）学习和科研相关，需要了解　　　（2）作为社交话题相关，需要了解

（3）与生活相关，需要了解　　　　　（4）新闻报道较多，进而关注

2. 请描述您对转基因生物技术的态度是：

（1）支持转基因　　　　（2）反对转基因　　　　（3）中立态度

3. 请选择对转基因态度的强烈程度

（–3）----（–2）----（–1）----（0）----（1）----（2）----（3）

强烈反对转基因　　　　　　　　　　中立　　　　　　　强烈支持转基因

4. 你对转基因生物技术的关注程度（请依据程度进行数字选择）

完全不关注 1-----2-----3-----4-----5-----6-----7 非常关注

5. 你认为转基因生物技术有多重要（请依据程度进行数字选择）？

毫不重要　1-----2-----3-----4-----5-----6-----7 非常重要

6. 你认为转基因生物技术跟你有多大关系（请依据程度进行数字选择）？

毫无关系　1-----2-----3-----4-----5-----6-----7 关系重大

7. 你认为转基因生物技术有多大意义（请依据程度进行数字选择）？

毫无意义　1-----2-----3-----4-----5-----6-----7 意义重大

8. 请您评价自己对转基因生物技术的知识水平（请依据程度进行数字选择）

非常不了解 1-----2-----3-----4-----5-----6-----7 非常了解

第三部分　媒介及媒介报道评价

请分别对以下媒体的转基因报道做出评价

1. 人民网等政府机关媒体网站对转基因议题的新闻报道评价

■ 不公正（–3）--（–2）--（–1）--（0）--（1）--（2）--（3）公正

■ 偏见（–3）――（–2）――（–1）――（0）――（1）――（2）――（3）不偏见

■ 不准确（–3）――（–2）――（–1）――（0）――（1）――（2）――（3）准确

■ 不可信（–3）――（–2）――（–1）――（0）――（1）――（2）――（3）可信

■ 不全面（–3）――（–2）――（–1）――（0）――（1）――（2）――（3）全面

2.《南方都市报》等媒体网站对转基因议题的新闻报道评价

■ 不公正（–3）――（–2）――（–1）――（0）――（1）――（2）――（3）公正

■ 偏见（–3）――（–2）――（–1）――（0）――（1）――（2）――（3）不偏见

■ 不准确（–3）――（–2）――（–1）――（0）――（1）――（2）――（3）准确

■ 不可信（–3）――（–2）――（–1）――（0）――（1）――（2）――（3）可信

■ 不全面（–3）――（–2）――（–1）――（0）――（1）――（2）――（3）全面

3. 中国科技网等专业媒体对转基因议题的新闻报道评价

■ 不公正（–3）――（–2）――（–1）――（0）――（1）――（2）――（3）公正

■ 偏见（–3）――（–2）――（–1）――（0）――（1）――（2）――（3）不偏见

■ 不准确（–3）――（–2）――（–1）――（0）――（1）――（2）――（3）准确

■ 不可信（–3）――（–2）――（–1）――（0）――（1）――（2）――（3）可信

■ 不全面（–3）――（–2）――（–1）――（0）――（1）――（2）――（3）全面

4. 商业门户网站对转基因议题的报道

■ 不公正（–3）――（–2）――（–1）――（0）――（1）――（2）――（3）公正

■ 偏见（–3）――（–2）――（–1）――（0）――（1）――（2）――（3）不偏见

■ 不准确（–3）――（–2）――（–1）――（0）――（1）――（2）――（3）准确

■ 不可信（–3）――（–2）――（–1）――（0）――（1）――（2）――（3）可信

■ 不全面（–3）――（–2）――（–1）――（0）――（1）――（2）――（3）全面

5. 果壳网等泛科技类网站对转基因议题的报道

- 不公正（–3）――（–2）――（–1）――（0）――（1）――（2）――（3）公正
- 偏见（–3）――（–2）――（–1）――（0）――（1）――（2）――（3）不偏见
- 不准确（–3）――（–2）――（–1）――（0）――（1）――（2）――（3）准确
- 不可信（–3）――（–2）――（–1）――（0）――（1）――（2）――（3）可信
- 不全面（–3）――（–2）――（–1）――（0）――（1）――（2）――（3）全面

6. 您是否同意以下观点？请对以下媒介评价陈述做出选择：

- 媒体在报道转基因时采访的信源很可信：

（1）　　（2）　　（3）　　（4）　　（5）　　（6）　　（7）

非常不同意 ――― 不同意 ――― 有些不同意 ――― 既不同意也不反对 ――― 有些同意 ――― 同意 ――― 非常同意

- 国外媒体在报道转基因议题时比国内媒体更加全面、中立、准确：

（1）　　（2）　　（3）　　（4）　　（5）　　（6）　　（7）

非常不同意 ――― 不同意 ――― 有些不同意 ――― 既不同意也不反对 ――― 有些同意 ――― 同意 ――― 非常同意

- 全国性媒体在报道转基因议题方面比地方性媒体更加全面、中立、准确：

（1）　　（2）　　（3）　　（4）　　（5）　　（6）　　（7）

非常不同意 ――― 不同意 ――― 有些不同意 ――― 既不同意也不反对 ――― 有些同意 ――― 同意 ――― 非常同意

- 专业化媒体在报道转基因议题方面比综合类媒体更加全面、中立、准确：

（1）　　（2）　　（3）　　（4）　　（5）　　（6）　　（7）

非常不同意 --- 不同意 --- 有些不同意 --- 既不同意也不反对 --- 有些同意 --- 同意 --- 非常同意

第四部分　转基因新闻报道评价

1. 您认为媒体长期以来对转基因的报道大多呈什么立场？

毫无倾向性　1----2----3----4----5----6----7　有很强的倾向性

2. 您认为媒体长期以来对转基因的报道是否受到了外力的影响？

根本没有受到影响　1----2----3----4----5----6----7　受到了很大的影响

3. 您认为记者们长期以来对转基因的报道是客观、中立的还是具有偏见的？

（–3）----（–2）----（–1）----（0）----（1）----（2）----（3）

强烈反对转基因　　　　　　　　中立　　　　　　强烈支持转基因

4. 你认为大众媒介长期以来都站在了谁的角度？

（–3）----（–2）----（–1）----（0）----（1）----（2）----（3）

强烈反对转基因　　　　　　　　中立　　　　　　强烈支持转基因

★ 请您阅读最后一页所附新闻材料并填写问卷 ★

1. "在阅读此新闻报道后，我认为这篇关于转基因的报道站在了与我的观点立场相反的角度上"，请问您是否同意这种陈述，请选择在量表上进行选择：

（1）　　（2）　　（3）　　（4）　　（5）　　（6）　　（7）

非常不同意 --- 不同意 --- 有些不同意 --- 既不同意也不反对 --- 有些

同意 --- 同意 --- 非常同意

2. "我认为，采写这篇新闻报道的记者，站在了与我观点立场相反的角度上"，请问您是否同意这种陈述，请选择在量表上进行选择：

（1）　　　（2）　　　（3）　　　（4）　　　（5）　　　（6）　　　（7）

非常不同意 --- 不同意 --- 有些不同意 --- 既不同意也不反对 --- 有些同意 --- 同意 --- 非常同意

3. "这篇关于转基因的新闻报道，可能被其他有权力的群体影响了"，请问您是否同意这种陈述，请选择在量表上进行选择：

（1）　　　（2）　　　（3）　　　（4）　　　（5）　　　（6）　　　（7）

非常不同意 --- 不同意 --- 有些不同意 --- 既不同意也不反对 --- 有些同意 --- 同意 --- 非常同意

4. 您认为这篇报道对转基因的立场是什么？

（−3）----（−2）----（−1）----（0）----（1）----（2）----（3）

强烈反对转基因　　　　　　　　　　中立　　　　　　　　强烈支持转基因

5. 这篇报道对您产生了多大的影响？

根本没影响　1-----2-----3-----4-----5-----6-----7　有很大影响

6. 您认为这篇报道对其他人有多大影响？

根本没影响　1-----2-----3-----4-----5-----6-----7　有很大影响

7.根据您的立场，分别回答框内问题：

◎支持转基因者回答此框内问题

■您认为阅读过这篇报道后，对跟您态度一致的人有多大影响？

根本没影响　1————2————3————4————5————6————7　有很大影响

■您认为阅读过这篇报道后，对跟您态度相反的人有多大影响？

根本没影响　1————2————3————4————5————6————7　有很大影响

■您认为阅读过这篇报道后，对态度中立的人有多大影响？

根本没影响　0————1————2————3————4————5————6　有很大影响

■这篇报道是否改变您对转基因议题的立场？

（1）基本不会改变　（2）稍微有点动摇　（3）变的中立　（4）基本偏向对方　（5）完全偏向对方

■您认为阅读过这篇报道后，与您同一立场的人是否会发生态度改变？

（1）基本不会改变　（2）稍微有点动摇　（3）变的中立　（4）基本偏向对方　（5）完全偏向对方

■您认为阅读过这篇报道后，您持相反立场的人是否会发生态度改变？

（1）基本不会改变　（2）稍微有点动摇　（3）变的中立　（4）基本偏向我方　（5）完全偏向我方

■ 您认为阅读过这篇报道后，原本持中立态度的人是否会发生态度改变？

（1）完全偏向我方 （2）有点偏向我方 （3）不会改变 （4）有点偏向对方 （5）完全偏向对方

■ 您认为长期接触这类报道，是否会改变您对转基因议题的立场？

（1）基本不会改变 （2）稍微有点动摇 （3）变的中立 （4）基本偏向对方 （5）完全偏向对方

■ 您认为长期接触这类报道，原本对转基因持中立态度的人是否会发生改变？

（1）基本不会改变 （2）稍微有点动摇 （3）变的中立 （4）基本偏向我方 （5）完全偏向我方

■ 您是否会担心长期接触此类报道，原本对转基因持中立态度的人发生态度改变？

根本不担心 1----2----3----4----5----6----7 比较担心

◎ 反对转基因者回答此框内问题

■ 您认为阅读过这篇报道后，对跟您态度一致的人有多大影响？

根本没影响 1----2----3----4----5----6----7 有很大影响

■ 您认为阅读过这篇报道后，对跟您态度相反的人有多大影响？

根本没影响 1----2----3----4----5----6----7 有很大影响

■ 您认为阅读过这篇报道后，对态度中立的人有多大影响？

根本没影响　1----2----3----4----5----6----7　有很大影响

■ 这篇报道是否改变您对转基因议题的立场？

（1）基本不会改变　（2）稍微有点动摇　（3）变的中立　（4）基本偏向对方　（5）完全偏向对方

■ 您认为阅读过这篇报道后，与您同一立场的人是否会发生态度改变？

（1）基本不会改变　（2）稍微有点动摇　（3）变的中立　（4）基本偏向对方　（5）完全偏向对方

■ 您认为阅读过这篇报道后，您持相反立场的人是否会发生态度改变？

（1）基本不会改变　（2）稍微有点动摇　（3）变的中立　（4）基本偏向我方　（5）完全偏向我方

■ 您认为阅读过这篇报道后，原本持中立态度的人是否会发生态度改变？

（1）完全偏向我方　（2）有点偏向我方　（3）不会改变　（4）有点偏向对方　（5）完全偏向对方

■ 您认为长期接触这类报道，是否会改变您对转基因议题的立场？

（1）基本不会改变　（2）稍微有点动摇　（3）变的中立　（4）基本偏向对方　（5）完全偏向对方

■ 您认为长期接触这类报道，原本对转基因的持中立态度的人是否会发生改变？

（1）基本不会改变 （2）稍微有点动摇 （3）变的中立 （4）基本偏向我方 （5）完全偏向我方

■ 您是否会担心长期接触此类报道，原本对转基因持中立态度的人发生态度改变？

根本不担心 1----2----3----4----5----6----7 比较担心

◎中立态度者请回答此框内问题

■ 您认为阅读过这篇报道后，对跟您态度一致的人有多大影响？

根本没影响 0----1----2----3----4----5----6 有很大影响

■ 这篇报道是否改变您对转基因议题的立场？

（1）完全偏向反对 （2）有点偏向反对 （3）不会改变 （4）有点偏向支持 （5）完全偏向支持

■ 您认为阅读过这篇报道后，与您同一立场的人是否会发生态度改变？

（1）完全偏向反对 （2）有点偏向反对 （3）不会改变 （4）有点偏向支持 （5）完全偏向支持

■ 您认为长期接触这类报道，是否会改变您对转基因议题的立场？

（1）完全偏向反对 （2）有点偏向反对 （3）不会改变 （4）有点偏

向支持（5）完全偏向支持

■ 您是否会担心长期接触此类报道，与您一样原本对转基因持中立态度的人发生态度改变？

根本不担心　1----2----3----4----5----6----7　比较担心

第五部分　转基因议题意见表达参与

1.在过去的一年中，针对转基因议题，您有几次采取以下方式表达您的意见或看法？

■ 与家人、朋友讨论：

（1）　　　　（2）　　　　（3）　　　　（4）　　　　（5）

从未有过 -- 偶尔有过 -- 有过少数几次 -- 有过好几次 -- 有过很多次

■ 微博发表：

（1）　　　　（2）　　　　（3）　　　　（4）　　　　（5）

从未有过 -- 偶尔有过 -- 有过少数几次 -- 有过好几次 -- 有过很多次

■ 微信发表：

（1）　　　　（2）　　　　（3）　　　　（4）　　　　（5）

从未有过 -- 偶尔有过 -- 有过少数几次 -- 有过好几次 -- 有过很多次

■ 网络新闻评论：

（1）　　　　（2）　　　　（3）　　　　（4）　　　　（5）

从未有过 -- 偶尔有过 -- 有过少数几次 -- 有过好几次 -- 有过很多次

■ 论坛发言：

（1）　　　　（2）　　　　（3）　　　　（4）　　　　（5）

从未有过 -- 偶尔有过 -- 有过少数几次 -- 有过好几次 -- 有过很多次

2. 如果您认为媒介对转基因议题的报道不够公正、准确，您会与陌生人谈论转基因议题和媒介报道存在的问题吗？

完全不愿意　1----2----3----4----5----6----7　非常愿意

3. 如果您认为媒介对转基因议题的报道不够公正、准确，您会通过网络新闻评论来发表您对转基因议题的观点和媒介报道存在的问题吗？

完全不愿意　1----2----3----4----5----6----7　非常愿意

4. 您是否愿意在完全实名制的情况下对转基因议题发表您的看法？

完全不愿意　1----2----3----4----5----6----7　非常愿意

5. 如果您认为媒介对转基因议题的报道不够公正、准确，您会在微博发送或转发您对转基因议题的观点和媒介报道存在的问题吗？

完全不愿意　1----2----3----4----5----6----7　非常愿意

6. 如果您认为媒介对转基因议题的报道不够公正、准确，您会在微信发送或转发您对转基因议题的观点和媒介报道存在的问题吗？

完全不愿意　1----2----3----4----5----6----7　非常愿意

7. 如果您认为媒介对转基因议题的报道不够公正、准确，您会与家人、朋友等周围人讨论转基因议题和媒介报道存在的问题吗？

完全不愿意　1----2----3----4----5----6----7　非常愿意

8. 如果您完全不愿意参与转基因议题的讨论，请问是什么原因？（以上 6 题中，有任意一题选 "1" 请回答，未选择 "1" 不作答）

（1）因为我是少数派，意见不占优势

（2）争议太大，会引发不必要的冲突

（3）我不认为我发表意见后会发生什么变化

（4）我觉得无所谓，所以保持沉默

9.如果您认为媒介报道是有偏见的，并且您就此参与了以上任意一种转基因议题的讨论，请选择您参与表达的原因

（1）媒介报道让我愤怒 　　　（2）我要纠正媒介报道的偏见

（3）补充更多媒介报道没有的信息 　　（4）引起他人对转基因的关注

（5）作为一种社交话题

10.对于以下陈述您是否赞成？请做出选择：

■ 我认为我对政府的了解比其他人多

1.非常不同意　　2.比较不同意　　3.既不同意也不反对　　4.比较同意

5.非常同意

■ 我认为我具备参与政治和公共事务的资质与能力。

1.非常不同意　　2.比较不同意　　3.既不同意也不反对　　4.比较同意

5.非常同意

■ 我认为我能够很好地理解国家现在的重要政治事务。

1.非常不同意　　2.比较不同意　　3.既不同意也不反对　　4.比较同意

5.非常同意

■ 我认为政府并不在意像我这样的受众对转基因的想法。

1.非常不同意　　2.比较不同意　　3.既不同意也不反对　　4.比较同意

5.非常同意

■ 我认为如果我对政府就转基因议题提意见，政府不会理会。

　1. 非常不同意　　2. 比较不同意　　3. 既不同意也不反对　　4. 比较同意

5. 非常同意

■ 您的电子信箱地址：

问卷到此结束，再次万分感谢您的合作！祝您学业顺利！

附录 B 转基因新闻与个人意见表达访谈提纲

1. 您如何看待大众媒介在你生活中的作用？

2. 您是否非常依赖大众媒介？

3. 您认为大众媒介的报道是准确、不偏不私的还是有偏见或偏向的？

4. 如果您认为媒介有偏见，那么哪些媒介是有偏见的？哪些媒体又是没有偏见的？

5. 如果您认为媒介有偏见，是什么原因造成了这些偏见？

6. 请问您平时关注转基因话题吗？有多关注？

7. 您为什么关注转基因话题呢？

8. 您能讲讲您对转基因的认识吗？能评价一下您自己的转基因知识水平吗？

9. 您觉得转基因议题跟你关系大吗？

10. 您都是从什么渠道获得的这些转基因相关的知识和信息呢？

11. 就您接触的媒介对转基因的报道而言，您觉得媒介对转基因的报道中立吗？准确吗？

12. 您认为媒介长期以来是支持转基因、反对转基因，还是中立的？

13. 您认为在媒介对转基因的报道当中，是什么原因造成了媒介对转基因报道的整体立场（无论哪种立场都可以询问该问题）？

14. 您认为报道转基因的记者对转基因的看法是中立的，还是支持转基因或者反对转基因？

15. 在您接触的转基因报道的媒体当中，你比较信任哪些媒体？您为什么信任这些媒体？

16. 在您接触的转基因报道的媒体当中，你比较不信任哪些媒体？您为什么不信任这些媒体？

17. 您认为那些您信任的媒体对于转基因的报道是中立、准确、无偏见的吗？

18. 那您认为那些您不信任的媒体对于转基因的报道是不公正、不准确且有偏见的吗？

19. 您是否认为越是大的媒体，越不会有偏见？而越是小媒体或者地方性媒体越有偏见？

20. 媒介和媒介报道在你生活中的影响力大吗？

21. 您觉得媒介和媒介报道对别人的影响大吗？

22. 媒介对转基因的报道对您的态度有什么影响？

23. 您认为媒介对转基因的报道，对别人有什么影响？

24. 假如，您觉得媒介对转基因的报道是有偏颇的，您觉得这些会影响到什么？

25. 您觉得在转基因议题方面，您是怎么知道其他人的态度或者立场的？

26. 您觉得如果媒介的转基因报道有偏颇，对中立态度的人有什么影响？

27. 如果您觉得媒介对转基因的报道是有偏颇的，这种有偏颇的报道会增加您对议题发表意见的概率吗？

28. 您曾经有没有因为转基因议题的新闻报道而发表过自己的意见？您还记得是在什么情况下吗？

29. 您发表意见的方式是什么？

30. 在过去一年关于转基因的话题当中，您印象最深刻的事件是哪些？

31. 您在微博、博客和微信上经常关注和转发哪些消息？

32. 您是否曾在微博、博客、微信、网络论坛、新闻评论中就转基因议题发表看法呢？频率高吗？

33. 您是否愿意在公共场所谈论转基因话题？

34. 您是否愿意与家人、朋友谈论转基因话题？

35. 您是否愿意在网络上谈论转基因话题？是匿名的吗？如果实名制，您还愿意谈论吗？

36. 您在与家人、朋友讨论转基因话题的时候，您都讨论什么内容？

37. 您在网络上发表与转基因相关意见的时候，您都发表什么内容？

38. 您认为媒介就转基因等议题的报道，对转基因议题的政策制定有什么影响？

39. 您认为您就转基因等议题发表的意见，会对别人产生什么影响？

40. 您认为您就转基因议题发表的意见，会对媒介产生什么影响？

41. 您认为政府会在意像您这个立场的人对转基因的看法吗？

42. 您认为政府会因您的意见而改变对转基因的政策吗？